JN026951

料理
を楽しむための
英語表現

English Expressions
to Enjoy Cooking

Michy里中
Michy Satonaka

クロスメディア・ランゲージ

は じ め に

　みなさん、こんにちは。Michy 里中です。

　本書『料理を楽しむための英語表現』は、その名の通り料理に関する英単語や表現を、豊富なレシピや臨場感あふれるダイアローグを通して楽しみながら学ぶことができる画期的な 1 冊です。

　一般的な英語学習をする上では、料理に関する英語表現の習得は最優先になるテーマではないかもしれません。しかし、グローバル化が加速する昨今においては、急速にニーズが高まっています。例えば留学先で知り合った仲間やホストファミリー、海外赴任先の上司や同僚、日本国内において出会ったインバウンドの観光客、アニメやゲームなどのサブカルチャーを通じて知り合った外国人の方などとの異文化交流の場において、自国の料理を作って相手をもてなしたり、逆に相手からもてなしを受けたりする機会も確実に増えています。

　料理に関する英語は、英語上級者であってもあまり馴染みのない専門的な表現が多く、そのため英語レシピを読むときや英語で料理番組を観るとき、最初は理解が困難で、意外にハードルが高いようです。実際に私自身も初めてアメリカで英語のレシピを見て料理をする際に、馴染みのない料理用語や、日本では使わない容量の計算で戸惑い、内容を理解するのに予想以上に時間を要したのを覚えています。

　そこで、本書では「料理に使える便利な英語フレーズを覚えたい」「英語レシピや動画を観て新しい料理にチャレンジしたい」「料理の基本動作（切る、煮る、焼く）等の表現を覚えて使い分けたい」「外国人の友だちと一緒に料理を楽しみたい」「自分の好きな料理について英語で表現できるようになりたい」…といった要望をお持ちの方のために、

　＊イラストを利用して調理器具等の単語を覚える視覚的なアプローチ
　＊意味が似ている単語の使い分けを、英語レシピのフレーズを通して学習

＊レシピは実際に外国人をもてなすことを想定し、作りやすくて人気のある料理を厳選
＊料理を作ったときに想定される会話をダイアローグで楽しく学習

などの工夫を凝らした構成で、レシピの頻出表現からよく似た動詞の複雑な使い分けまで、料理に関するさまざまな英語表現を凝縮した 1 冊に仕上げました。食事は私たちの日常生活の中で欠かすことのできないものであり、たいていの人は毎日 3 回食事を摂るはずです。それほどの頻度で食事をするということは、「料理」にまつわる単語や表現も頻繁に使われることを意味します。

　本書を執筆するにあたり、私の人生は、恩師や家族、友人たちからの優しさで満ちあふれていることを再確認しました。元気がないとき、彼らはそれに気づき、手料理を作って私にエネルギーを与えてくれました。
　父の卵焼き、母の鶏ささみハンバーグ、恩師・植田一三氏のみそラーメン、パートナー Fredrick のフレンチトースト、ソウルメイト Isaac のオムライス、親友シホの焼きおにぎり…それらの手料理により私は支えられてきたことを改めて感じ、食事の大切さ、料理への感謝をかみしめつつ本書の完成を目指しました。

　最後に、本書の制作にあたり、惜しみない協力をしてくれた Hachig R. Alyanakian 氏、Fredrick Bell 氏（共に英文校正）、西宮正太朗氏（翻訳＆執筆協力）、また、恩師である植田一三氏、株式会社クロスメディア・ランゲージ代表取締役の小野田幸子氏には心から感謝の意を表したいと思います。

　料理に関する表現をまとめた英語の学習書は、そのニーズがあるのにもかかわらず、書籍として 1 冊にまとめたものは日本にはほとんどありませんでした。本書が読者のみなさんの人生を豊かにするための一助となれば幸いです。

Love and blessings on your life journey!

Michy 里中

Chapter 1

絵でわかる
調理器具やキッチン用品の英語

Chapter 2

英語レシピに頻出の表現

Chapter 3

海外の料理のレシピに英語で挑戦

Chapter 4

海外で人気の和食レシピを英語で説明してみよう

● Chapter 1　絵でわかる　調理器具やキッチン用品の英語

　基本的にはどの章からでも読み始めることは可能ですが、まずは Chapter 1 のイラストを通して、日常的によく使用する調理器具等の英語表現に触れましょう。

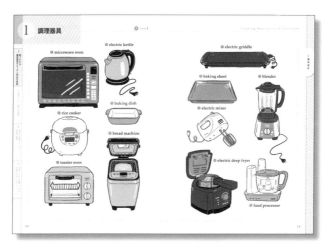

● Chapter 2　英語レシピに頻出の表現

Chapter 2-1 で、英語レシピを理解するために欠かせない計量表現を確認しましょう。日本では馴染みのない計量単位に慣れることで、英語レシピへの理解が深まります。

Chapter 2-2 では、「下準備」や「盛りつけ」といった調理の工程別に、料理でよく使用する動詞をリストアップしています。実際に料理する光景をイメージし、音声を聴きながら英語の発音を確認しましょう。

Chapter 2-3 では、「茹でる・煮る」「焼く・炒める・揚げる」など、ややこしい動詞の意味の違いを確認しましょう。その後で Review Quiz にチャレンジし、理解を一層深めましょう。

Chapter 2-4 では、「卵を割る」「寝かせる」「粉をまぶす」といった料理特有の表現をさらに掘り下げて解説しています。音声を聴きながら例文をリピートすることで、料理英語の理解とリスニング力が同時にアップします。

● Chapter 4　海外で人気の和食レシピを英語で説明してみよう

　左ページに英語のレシピ、右ページに日本語のレシピを掲載しています。意味を確認しながらフレーズを声に出してみましょう。特に Ingredient（材料）のページは、まるで料理番組を観ているかのように英語で楽しく学べます。レシピやダイアローグも音読して、実際に使えるようになるまで練習しましょう。

音声ダウンロードについて

　本書『料理を楽しむための英語表現』に対応した音声ファイル（mp3 ファイル）を下記 URL から無料でダウンロードすることができます。ZIP 形式の圧縮ファイルです。

https://www.cm-language.co.jp/books/cooking/

　本文に登場する例文が収録されています。ナチュラルなスピードの、アメリカ英語のナレーションです（男女2人）

ダウンロードした音声ファイル（mp3）は、iTunes 等の mp3 再生ソフトやハードウエアに取り込んでご利用ください。
ファイルのご利用方法や、取込方法や再生方法については、出版社、著者、販売会社、書店ではお答えできかねますので、各種ソフトウエアや製品に付属するマニュアル等をご確認ください。
音声ファイル（mp3）は『料理を楽しむための英語表現』の理解を深めるために用意したものです。それ以外の目的でのご利用は一切できませんのでご了承ください。

Chapter

1

絵でわかる
調理器具やキッチン用品の
英語

ここでは、料理で使うさまざまなツールの
英単語をチェックしましょう。
調理器具やキッチン用品には和製英語がたくさん
あるので、正しい英語表現を確認しましょう。

❶ microwave oven

❹ electric kettle

❺ baking dish

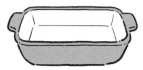

❷ rice cooker

❻ bread machine

❸ toaster oven

❼ electric griddle

❽ baking sheet

❾ electric mixer

❿ electric deep fryer

⓫ blender

⓬ food processor

① 調理器具

13

❶ microwave oven「電子レンジ」

microwave だけでも同じ意味です。<u>microwave</u> the milk until hot（牛乳を熱くなるまでレンジで温める）のように、動詞としても多く使われます。関連表現として microwave-safe bowl「電子レンジで使用可能なボウル」も覚えておきましょう。

❷ rice cooker「炊飯器」

一般的に欧米の炊飯器は、日本製のように保温機能が備わっていないことが多く、ただお米を炊く用途だけに使われます。

「お米を炊く」は cook rice や make rice と表現します。steamed rice「白ご飯」、brown rice「玄米」も覚えておきましょう。海外のレストランでご飯つきのメニューを注文するとき、白米か玄米かを聞かれます。

❸ toaster oven「トースター」

焼けた食パンがポンと飛び出すタイプは pop-up toaster。動きがイメージしやすいですね。

❹ electric kettle「電気ケトル」

海外のやかんは、必要なときにすぐお湯を沸かせるタイプの electric kettle が主流です。

❺ baking dish「耐熱皿」

オーブンを使う場合に使用する皿のこと。heat-safe dish ともいいます。

❻ bread machine「ホームベーカリー」

和製英語に注意。「食パン」は white bread や sandwich bread、a loaf of bread といいます。loaf はカットされていないパン 1 斤のこと。ちなみに、「パンの耳」は bread crust や heel of bread です。heel「かかと」には「末端、端切れ」の意味もあります。

❼ **electric griddle**「ホットプレート」

griddle はホットケーキなどを焼く「厚い鉄板」の意味。griddle cake は「パンケーキ」のこと。

❽ **baking sheet**「天板」

天板に敷くクッキングシートは parchment sheet で「防水、防脂用の紙」という意味。baking paper ともいいます。

❾ **electric mixer / electric eggbeater**「ハンドミキサー（電動泡立て器）」

和製英語に注意。手で泡立てると時間のかかるメレンゲや生クリームを作るときや、お菓子の材料を混ぜるときなどに使用します。eggbeater は「泡立て器」のこと（→ p. 22）。

❿ **electric deep fryer**「電気フライヤー」

日本の家庭ではまだそれほど普及していないかもしれませんが、海外ではポピュラーな調理器具。

⓫ **blender**「ミキサー」

日本語ではミキサーと呼ばれますが、英語では blender です。mixer / electric hand mixer は「電動泡立て器」のこと。

⓬ **food processor**「フードプロセッサー」

野菜のみじん切りや千切りのほか、つぶす・こねる・混ぜるなどの料理の下ごしらえが簡単にできます。

❸ **gas stove**

❹ **induction cooktop**

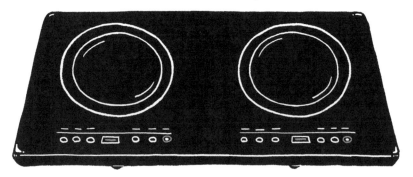

⑮ frying pan

⑯ wok

⑱ electric pressure cooker

⑰ saucepan

⓭ **gas stove**「ガスコンロ、ガスレンジ」

和製英語に注意。暖房器具のストーブは英語で heater です。

⓮ **induction cooktop / induction hob / induction cooker**

「IH クッキングヒーター」

※ hob（コンロの天板）はイギリス英語。

IH は Induction Heating「誘導加熱」の略。cooktop は備え付けの料理用コンロのこと。「このフライパンは IH 対応です」は compatible（適応する、互換性のある）を使って This skillet is compatible with induction cooktops. や、This frying pan is induction compatible. のように表現します。non-induction cookware「IH 非対応の調理道具」も覚えておきましょう。

⓯ **frying pan**「フライパン」

単に pan ともいいます。アメリカ英語では skillet とも呼ばれます。「テフロン（フッ素）加工のフライパン」は non-stick frying pan（引っ付かないという意味）、「卵焼き器」（卵焼き専用フライパン）は omelet pan です。

⓰ **wok**「中華鍋」

鉄製のイメージですが、アルミ製（軽量）とチタン製（熱伝導が良い）もあります。炒める・焼くはもちろん、煮る・揚げる・蒸すも可能なので、all-purpose pan「万能鍋」ともいわれます。

⓱ **saucepan**「片手鍋」

鍋類は一般的に、比較的深いものは pot「深鍋」、浅い鍋は pan「平鍋」という使い分けがありますが、saucepan の深さはいろいろです。レシピでは cast-iron pot「鉄鍋」、cast-iron pan「鉄のフライパン」もよく登場します。

ちなみに鍋料理のことを hotpot dish や one-pot dish といいます。

⑱ electric pressure cooker「電気圧力鍋」

　多機能（versatile）でたくさんの量を作れる（cook in bulk）ことや、気軽に時短調理ができることから人気があります。近年さまざまなメーカーから発売されています。

⑲ whisk

⑳ ladle

㉓ mixing bowl

㉑ rice paddle

㉒ turner

㉔ kitchen knife

㉖ measuring cup

㉗ measuring spoons

㉕ kitchen tongs

㉘ chopping board

㉛ dish towel

㉙ colander

㉜ can opener

㉝ paper towel

㉚ grater

㉞ long chopsticks for cooking

㉟ plastic wrap

㊱ aluminum foil

③キッチン用品

21

⑲ whisk / eggbeater「泡立て器」

whisk は動詞で「サッと払う、動かす」の意味があり、茶道で抹茶を点てる際に使う「茶せん」は tea whisk といいます。まさに、サッと手を動かす動きに由来していますね。

⑳ ladle「おたま」

slotted ladle [slotted spoon]「穴あきおたま」も覚えておきましょう。slotted は「細長い穴のついた」という意味。

a ladleful of 〜は「おたま1杯の〜」の意味で、pour a ladleful of hot water into the bowl「おたま1杯分のお湯をボウルに注ぐ」のように使います。動詞 ladle は「おたまですくう」の意味で、ladle porridge into the bowl「おたまでボウルにおかゆをよそう」、ladle mixture onto hot waffle iron「混ぜた生地をすくってワッフルの焼き型に入れる」のように使います。

㉑ rice paddle / rice scoop「しゃもじ」

non-stick rice paddle「ご飯がこびりつかないしゃもじ」は海外でも人気があります。ちなみに「食洗機で洗える」は dishwasher-safe といい、dishwasher-safe rice scoop は「食洗機で洗えるしゃもじ」の意味。

㉒ turner「フライ返し」

細長い穴がついているタイプは slotted turner。

㉓ mixing bowl / prep bowl「ボウル」

単に bowl だけだと「鉢、わん」で器の意味になるので、はっきり「調理用のボウル」だと示すために mixing（混ぜる）や prep（準備用）をつけます。

㉔ kitchen knife「包丁」

knife は包丁以外の刃物も意味するので、このように kitchen をつけることで「調理用」の意味を明確に表すことができます。

㉕ **kitchen tongs**「トング」

トングは scissors「はさみ」や glasses「めがね」のように 2 つの手で 1 組になるため、常に複数形です。

㉖ **measuring cup / measuring jug**「計量カップ」

jug（イギリス英語）は「取手のついた水差し」のことで、アメリカ英語の pitcher のこと。

㉗ **measuring spoons**「計量スプーン」

大さじ、小さじの量は国によって異なるので注意が必要。（→ p. 26 参照）

㉘ **chopping board**「まな板」

cutting board ともいいますが、chopping board のほうが一般的。chop（切る）には力強く豪快に切るニュアンスがあり、まな板の上でトントンと音を立てながら切るイメージそのままが表現されています。

㉙ **colander**「水切り用ざる、ボウル」

洗った野菜・果物の水切りや茹でたパスタのお湯切りに使います。底に足がついているものが多いです。関連表現として、tea strainer「茶こし」、sieve「ふるい、こし器」も覚えておきましょう。

㉚ **grater**「おろし金」

チーズなどをおろす箱型タイプは box grater といいます。おろす以外に野菜のスライスができるなど、さまざまな機能がついているタイプは all-purpose grater。

㉛ **dish towel / tea towel / dishcloth / kitchen cloth**「ふきん」

cloth は「布切れ」の意味。

㉜ can opener / tin opener「缶切り」

アメリカ英語では缶のことを can といいますが、イギリス英語では tin（ブリキ製の缶）というのが一般的。

canned pineapple [tinned pineapple]「缶詰のパイナップル」

a can [tin] of tuna chunks in olive oil「オリーブ油漬けのツナ缶」

㉝ paper towel「キッチンペーパー」

和製英語に注意。イギリス英語では kitchen roll や kitchen towel ともいいます。

㉞ long chopsticks for cooking「菜箸」

菜箸は英語にはないので、「調理用の長い箸」のようにいいます。

㉟ plastic wrap / clingwrap / kitchen wrap / food wrap「ラップ」

和製英語に注意。cling は「ぴったりくっつく」という意味。確かにラップはくっつきやすいですね。

㊱ aluminum foil / aluminium foil / tin foil / foil「アルミホイル」

「アルミ」はアメリカ英語で aluminum、イギリス英語で aluminium。スペリングが違います。イギリス英語では tin foil、または 1 語で foil ともいいます。tin は「スズ（ブリキ）」のこと。

Chapter

2

英語レシピに
頻出の
表現

ここでは英語レシピを理解するのに欠かせない計量表現や、
特に動詞を中心とした料理の工程での重要フレーズ、
「切る」「混ぜる」「焼く」といった単語の
微妙なニュアンスの違いをチェックしましょう。

最重要！　英語レシピの計量表現

　英語でレシピを読むときに、一番わかりにくいのが、英語圏と日本で使われる計量単位（重さや長さ）の違いではないでしょうか。日本ではカップやグラムを使うのが一般的ですが、英語圏ではそれ以外にオンスやポンド、長さにおいてはインチなどが用いられ、非常にややこしく感じる方も多いかと思います。

　このページでは、英語レシピで最もよく登場する計量単位を紹介します。これらを把握できれば不安な要素がなくなり、英語でレシピを読むモチベーションも上がって料理する楽しみがアップするでしょう。近年はネットの換算サイトですぐに調べられるのですが、少しでもスムーズにレシピを理解できるように、基本的な数値はここで覚えておきましょう。

＊＊＊

●計量スプーンについて

　まず、計量スプーンの「大さじ」は tbsp、「小さじ」は tsp と表記されます。tbsp は tablespoon（テーブルスプーン）の略、tsp は teaspoon（ティースプーン）の略です。

大さじ 1 = **1 tbsp [= tablespoon]**	小さじ 1 = **1 tsp [= teaspoon]**

　大さじ・小さじの量は、国によって異なるので注意しましょう。

日本・アメリカ・イギリス	大さじ = **15 ml**	小さじ = **5 ml**
オーストラリア	大さじ = **20 ml**	小さじ = **5 ml**

※「すりきり」・「山盛り」の表現について

　「大さじ・小さじ」をさらに正確に表す場合、例えば「砂糖を小さじすりきり1杯」は **level**（「平たい」「スプーンのふちと同じ高さまで」の意味）を用いて 1 level teaspoon of sugar と表現します。「山盛り」の場合は、「積み重ね」や「どっさりと山のような量」を表す **heaping** を用いて 1 heaping teaspoon of sugar

「小さじ山盛り1杯の砂糖」といいます（イギリス英語では heaped）。この他に 1 rounded teaspoon of sugar といった表現もあります。rounded は「丸くなった」「盛り上がった」という意味ですが、すりきりではなく「少し山になるくらい」で、heaping「山盛りの」よりは少ない量です。つまり、具体的には「小さじ1強」ほどの量になります。

● cup（カップ）について

計量カップの量も国によって異なります。

日本	1 cup	200 ml
アメリカ	1 cup	237 ml（約 240 ml）
イギリス	1 cup	285 ml
オーストラリア	1 cup	250 ml

このように違いがあるので、英語のレシピを読むときはまず、レシピがどの国のものなのかを確認しましょう。もし頻繁に英語レシピを見て料理するのであれば、その国で使われている計量カップをネット通販などで手に入れて使用したほうが、量を毎回計算する手間が省けると思います。

● ounce（オンス）について

ounce（オンス）は日本では g（グラム）にあたる重さの単位です。1 オンスは約 28 グラムです。省略されて oz と書かれていることもあります。

1 ounce [oz]	1 オンス	約 28.3 g（英）/ 約 29.6 g（米）

オンスはレシピによく出てくるので、「1 オンス＝約 28 グラム」と覚えておくと便利です。例えばレシピの材料欄に 12 ounces cream cheese と載っていたとき、何グラムになるのか考えてみましょう。

> 1 オンスは約 28 グラムなので、12 oz × 28 g ＝ 336 g。よって、必要なクリームチーズは約 340 グラムであることがわかります。

オンスが液量を表す場合には、fl oz（液量オンス ＝ fluid ounce の省略記号）が使われます（1fl oz ＝約 29.5 ml）。海外でコーラなどの炭酸飲料のパッケージに「12 oz」と書かれていますが、これは 12 oz × 29.5 ml ＝ 354 ml なので約 350 ml の缶ということになります。

ちなみに、ウィスキーやスコッチなどのアルコールを注文する際にシングル、ダブルのように量を表すことがありますが、これにもオンスが使われます。シングルの量は 1 オンス（約 30 ml）、ダブルは 2 オンス（約 60 ml）です。

● pound（ポンド）について

pound（ポンド）も重さの単位で、レシピでは多く使われます（省略記号は lb）。1 ポンドは約 453 グラムで、16 オンスに相当します。

1 pound [lb]	1 ポンド	約 453.6 g

重さの単位として、日常生活では pound（ポンド）はオンスよりも多く使われます。例えばスーパーマーケットで売られている野菜や果物といった食材の重さや、人の体重を表現するときもポンドを使います。

例：My weight is about 110 pounds.「私の体重は 110 ポンド（約 50 キロ）です」

では、レシピの材料欄に 2 pounds lean ground beef と載っていたとき、何グラムになるのか考えてみましょう。

1 ポンドは約 453 グラムなので、2 pounds × 453 g ＝ 906 g により、必要な赤身の牛ひき肉は約 900 グラムであることがわかります。

おおざっぱではありますが目安として、1 ポンドはだいたい 1 キロの半分（500 グラム）だと覚えておいてもよいと思います。

● inch（インチ）について

inch（インチ）は長さの単位。レシピでは、フライパンやオーブンで使用する耐熱容器のサイズや、具材をどれくらいの長さに切るのかなどを表すのに使われます。インチは in や ″（ダブルプライム）でも表されます。

1 inch [1 in / 1″]	1 インチ	約 2.5 cm

　例えばレシピの材料欄に 3 medium onions, cut in 1/2-inch slices と載っていたとき、何センチになるか考えてみましょう。

> 　1/2 インチは約 1.25 センチになるので、「中サイズのタマネギ 3 個を約 1 センチにスライスする」という意味であることがわかります。

では次に、8″ × 8″ baking dish といえば何センチの耐熱皿でしょうか。

> 　8 inch × 2.5 cm = 20 cm なので、縦横約 20 センチのお皿であることがわかります。英語レシピでは他に 9 インチ（22.5 センチ）や、フライパンでは 10 インチ（25 センチ）、10.5 インチ（約 26 センチ）が多く登場します。（一般的に一番使いやすいフライパンのサイズは 10.5 インチ = 26 センチだといわれています）

●華氏（℉）について

　海外のレシピではオーブンの設定温度は「華氏」（℉）で表示されていることもあるので、「摂氏」（℃）への変換が必要になります。「（華氏温度−32）× 5÷9」の計算で、摂氏温度に変換できます。簡単に換算値が求められるサイトもあるので、計算が面倒な場合はそれを使うのもおすすめです。

　℉は degree Fahrenheit、℃は degree Celsius と読みます。次のページに換算表を載せていますので、レシピを読む際に参考にしてください。

　なお、英語レシピによっては次のように、華氏と摂氏を併記していたり、オンスとグラムといった重さの単位を両方表記したりしていることがあります。

preheat your oven to 450℉ or 230℃
（オーブンを 450℉または 230℃に予熱する）
16 oz or 500 ml chicken broth
（16 オンスまたは 500ml の鶏がらスープ）

Fahrenheit（華氏）	Celsius（摂氏）
225°F	107℃
250°F	121℃
275°F	135℃
300°F	148℃
325°F	163℃
350°F	**177℃（約 180 度）**
375°F	**190℃**
400°F	**204℃（約 200 度）**
425°F	218℃

※ 350°F、375°F、400°F が特によく使う温度

350°F ＝ three hundred fifty degrees Fahrenheit

以下も、レシピでは時々使われる単位です。確認しておきましょう。

◉ pint（パイント）について

1 pint（パイント）は、アメリカだと 473 ミリリットル（US パイント）、イギリスだと 568 ミリリットル（UK パイント）なので、目安として「約 1 リットルの半分」くらいと覚えておくとよいでしょう。例えばジャムを作るレシピの材料では、1 pint blueberries（2 cups blueberries）のように pint が使われています。

◉ quart（クォート）について

1 quart（クォート）は約 946.35 ミリリットルなので、「約 1 リットル」と覚えておくとイメージしやすいですね。レシピでは 2 quarts chicken broth（2 クォート［約 2 リットル］の鶏ガラスープ）のように出てきます。

英語レシピの表記について

　正式な英語ライティングのルールの 1 つに、「10 未満の数字は、数字を使わずアルファベットで表記する」というものがあります。例えば通常の英文では、My grandfather has <u>three</u> cats.（祖父は猫を 3 匹飼っている）のように、three はアルファベットでスペルアウトし、3 cats のように数字を使って表記しないというものです。

　しかし英語のレシピにおいてはこのルールが必ず当てはまるというわけではなく、10 未満の数字についても add <u>2 cups</u> of water（水を 2 カップ入れる）や cook for <u>5 minutes</u>（5 分火にかける）のように、アルファベットを使わずに数字で表記されることが多いです。これは数量や調理時間のような情報を、間違えることなく明確に伝えることを重視しているため起きているといえるでしょう。

　この他にも英語のレシピでは、目的語や前置詞を省略することが頻繁に見られます。例えば chop the onion finely and <u>place</u> in a bowl「タマネギをみじん切りにしてボウルに入れる」のように、place の後に入るべき目的語の it（タマネギを示す代名詞）の省略が見られます。材料の場合でも、<u>2 tablespoons</u> sugar「砂糖大さじ 2 杯」のように、2 tablespoons of sugar の前置詞の of の省略も見られます。これは、いちいち表記しなくても読み手が理解できるところは省いて、情報をシンプルにはっきりと伝えるためだといえるでしょう。まさに Simple is the best. ですね。

2 英語レシピに頻出の動詞リスト

　英語レシピを読むときや友人に料理をふるまうときに役立つ英単語を、動詞を中心にリストアップしました。使い方がひと目でわかるよう、すべて使用例をつけています。下準備→調理→仕上げの順に並べているので、工程をイメージしながらチェックしましょう。なお、★をつけた単語については、この後の Chapter 2-3 と Chapter 2-4 で解説しています。こちらもチェックしてください。

***

調理の下準備で使うフレーズ

 Track 5

（卵関連）	
★ **crack**「割る」（→ p. 78）	**crack** an egg「卵を割る」 ※ break より crack「ひびを入れる」が自然。
・**separate**「分ける」	**separate** yolk and white「卵黄と卵白に分ける」
・**transfer**「移す」	**transfer** yolk to another bowl「黄身をもう1つのボウルに移す」
・**remove**「取り除く」	**remove** the broken egg shells「割れた殻を取り除く」
・**beat**「溶く」	**beat** an egg「卵を溶く」
・**whisk**「泡立てる」	**whisk** the egg white「卵白を泡立てる」
・**peel off**「むく」	**peel off** the egg shell「卵の殻をむく」
★ **cut/chop/mince/ shred/dice**「（食材を）切る」（→ p. 42）	**cut** the carrot into thin slices「ニンジンを薄い輪切りにする」
	roughly **chop** tomatoes「トマトをザク切りにする」
・**halve**「半分に切る」	**halve** an apple「リンゴを半分に切る」
・**julienne**「千切りにする」	**julienne** a carrot「ニンジンを千切りにする」
・**shave**「薄く切る、削る」	**shave** Parmesan cheese「パルメザンチーズを削る」

・snip (off)「はさみでチョキンチョキンと切る、小さく切る」	**snip off** the end of the piping bag「しぼり袋の端をチョキンと切る」
・split「縦に裂く」	**split** a banana lengthwise「縦にバナナを切る」
・tear「ちぎる」	**tear** lettuce leaves into bite-sized pieces「レタスの葉をひと口サイズにちぎる」
・trim「（余分なもの・食べられない部分を）切り落とす」	**trim** the stem of each chili pepper「唐辛子のへたを切り落とす」
・core「（果物の）芯を取る、芯を抜く」	**core** an apple「リンゴの芯を取る」
・seed/pit/stone「種を取り除く」	halve and **pit** an avocado「アボガドを半分に切って種を取る」
・scoop out「種や中身を取り出す」	**scoop out** an avocado「アボガドの種を取り出す」
・hull「（イチゴの）へたを取る」	**hull** strawberries「イチゴのへたを取る」 ※ hull は名詞で「イチゴのへた」の意味がある。
★ **defrost/thaw**「解凍する」（→ p.78）	**defrost** the chicken in the microwave「電子レンジで鶏肉を解凍する」、 **thaw** the frozen strawberries「冷凍のイチゴを自然解凍する」
★ **fillet**「（魚を）おろす」（→ p.84）	**fillet** fish「魚を切り身にする」
・bone/debone「骨を取り除く」	**debone** horse mackerel「アジの骨を取り除く」
★ **discard**「捨てる」（→ p.88）	**discard** the seeds of tomatoes「トマトの種を取り除く」
・remove「外す、取る、取り除く」	**remove** the pot from the stove「鍋をコンロからおろす」、 **remove** the stems of the spinach and chop into quarters「ホウレンソウの茎を取って4分の1に切る」
・eliminate/get rid of「不要なものを除去する」	**eliminate/get rid of** any excess fat from the chicken「チキンから余分な脂を取り除く」

・peel/skin「皮をむく、皮をはぐ」	**peel** potatoes「ジャガイモの皮をむく」、**skin** the chicken breasts and dust them with a little salt and pepper「鶏もも肉の皮をはいで塩とこしょうをふる」
・devein「（エビの）背ワタを取る」	**devein** shrimp「エビの背ワタを取る」
・clean「（魚の）内臓を取る」	**clean** the fish「魚の内臓を取る」
・scale「うろこを取る」	**scale** the fish「魚のうろこを取る」
・rinse「（水だけで）さっと洗う」	**rinse** lettuce and tear it into bite-sized pieces「レタスを洗ってひと口大にちぎる」
★ **drain**「水気を切る」（缶詰の汁を捨てる、余分な油を捨てる）（→ p. 89）	**drain** the pasta「パスタの水を切る」
★ **reconstitute**「水で戻す」（→ p. 91）	**reconstitute** dried seaweed「乾燥ワカメを水で戻す」
★ **pat dry**「軽く押さえて水気を切る」（→ p. 87）	**pat dry** any excess water from the lettuce「レタスの余分な水気を軽く拭く」 ※★ **excess**「余分な」（→ p. 93）
★ **dissolve/melt**「溶かす」（→ p. 80）	**dissolve** gelatin powder「ゼラチンを水で溶かす」 **melt** the butter「バターを溶かす」 ※熱が加わって固体から液体になるときは melt が使われる。
・double boil「湯煎で溶かす」	**double boil** chocolate「チョコレートを湯煎で溶かす」
・sieve/sift「粉をふるう」	**sieve/sift** the flour「小麦粉をふるう」 ※ sieve は「こしき、ふるい」の意味。
★ **set aside**「脇に置く」（→ p. 80）	cut the tomatoes and **set aside**「トマトを切って、横に置いておく」

★ **soak/steep**「つけて おく、ひたす」(→ p. 81)	**soak** the onions in ice water for 5 minutes「タマネギを 5 分間、氷水につけておく」
	※ keep the onions submerged in the water「タマネギを水 にひたす」ともいう。submerge は「沈める、水びたしに する」の意味。
	steep the tea bags in 2 cups of boiling water for 5 minutes 「2 カップの熱湯にティーバッグを 5 分間つけておく」
・plump「(ドライフルー ツを)液体にひたして戻 す」	**plump** the dried cranberries by soaking them in the water 「ドライクランベリーを水にひたして戻す」
	※ plump は形容詞で「ぷっくりした」という意味もある。
★ **grate**「すりおろす」(→ p. 90)	**grate** ginger「ショウガをおろす」
・zest「(柑橘系の) 皮を おろす」	**zest** a lemon「レモンの皮をおろす」
・ squeeze「しぼる」	**squeeze** a lemon「レモンをしぼる」
・ pound「すりつぶす」	**pound** the sesame seeds「ゴマをすりつぶす」
・ grind「すりつぶして 粉にする」	**grind** the almonds in a food processor「フードプロセッ サーでアーモンドを粉にする」
・crumble「砕く、崩す」	**crumble** cookies「クッキーを砕く」
・crush「押しつぶす、粉 にする」	**crush** the walnuts into fine crumbs「クルミをつぶして細 かい粒状にする」
・ soften「やわらかくす る」	**soften** the butter「バターをやわらかくする」
★ **rub**「もみ込む」(→ p. 90)	**rub** the soy sauce onto the chicken「チキンに醤油をもみ 込む」
・ purée「裏ごしする (ピューレ状にする)」	**purée** tomatoes「トマトをピューレ状にする」
★ **batter**「衣をつける」(→ p. 85)	**batter** the fish「魚に衣をつける」
★ **dredge/coat**「粉や パン粉をまぶす」(→ p. 86)	**dredge** the fish「魚にパン粉をまぶす」
	coat strawberries with sugar「イチゴに砂糖をまぶす」

・bread「パン粉をまぶす」	dip the chicken into beaten eggs and **bread** lightly「チキンを溶き卵につけて、軽くパン粉をまぶす」
・dip「さっと浸ける」	**dip** the biscuits in the coffee mix「ビスケットをコーヒー液にさっと浸ける」
・strain「（液体をこし器などで）こす、（野菜などから）水気を切る」	**strain** the soup「スープをこす」、 **strain** off the water from the vegetables「野菜から水気を切る」 ※ tea strainer（茶こし）や sink strainer（シンクの排水のざる）も覚えておこう。
・skewer「串に刺す」	**skewer** the chicken pieces「ひと口大のチキンを串に刺す」
（オーブン） ・preheat「予熱する」	**preheat** the oven「オーブンを予熱する」
★ **grease**「油を引く」 （→ p. 83）	**grease** the muffin tin「マフィン型に油を塗る」
★ **line**「敷く」（→ p. 83）	**line** a baking sheet「クッキングシートを敷く」

調理で使うフレーズ
（調理スタート）

★ **season**「味つけする」（→ p. 85）	**season** with salt and pepper「塩とこしょうで味つけする」
★ **mix/blend/stir/ combine/whisk/toss/ beat/fold**「混ぜる」（→ p. 49）	**stir** the egg mixture「卵液をかき混ぜる」 **toss** the lettuce with the dressing「レタスにドレッシングを混ぜ合わせる」
・cook「火を通す」	**cook** the pasta following package directions「袋に書いてある通りにパスタを茹でる」、 **cook** the sauce to the desired consistency「ソースを好みの固さまで煮詰める」 ※★ **consistency**「（液体の）濃度・固さ」（→ p. 92）
★ **grill/broil/bake/ roast/sear/fry/stir-fry**「焼く、炒める、揚げる」（→ p. 61）	**broil** the steak in an oven「オーブンでステーキを焼く」 **stir-fry** broccoli and carrots「ブロッコリーとニンジンを炒める」
・deep-fry「揚げる」	**deep-fry** the chicken「チキンを揚げる」
・brown「きつね色に焼く、焦げ目がつくまで炒める」	**brown** the tofu「豆腐に焼き目をつける」
・crisp「カリカリに焼く」	**crisp** the bacon「ベーコンをカリカリに焼く」
・panfry「少量の油で炒める（揚げる）」	**panfry** the steak until cooked to your liking「ステーキが好みの状態に火が通るまで少量の油で焼く」
★ **boil/parboil/ simmer/braise**「茹でる、煮る」（→ p. 57）	**boil** the spaghetti「スパゲッティを茹でる」 **simmer** the sauce until thickened「ソースをとろみがつくまで煮る」
・double boil「湯煎にする」	**double boil** the chocolate bar until it melts completely「板チョコが完全に溶けるまで湯煎にする」
・steam「蒸す」	**steam** the broccoli for about 10 minutes「ブロッコリーを約 10 分蒸す」

②英語レシピに頻出の動詞リスト

・allow「置いておく（〜させておく）」	**allow** the mixture to cool down to room temperature「混ぜたものをしばらく置いて室温にまで戻す」※★ **room temperature**「常温・室温」（→ p. 88）もチェック！
（補足） ★ **let 〜 sit / let 〜 rest** 「そのままの状態で置く」（→ p. 79）	**let** it **sit** for a while「そのまましばらく置く」
・chill「冷蔵庫で冷やす、冷ます」	**chill** the tomatoes「冷蔵庫でトマトを冷やす」 ※冷やす時間が長い場合は refrigerate「冷やす」を使う。

（火元で）	
・cover「ふたをする」	**cover** and refrigerate overnight「ふたをして、一晩冷蔵庫に入れておく」
	※ cover the ingredients directly with a lid on a pan「落としぶたをする」も覚えておきましょう。
・add「加える」	**add** the wine to the tomato sauce「トマトソースにワインを加える」
・place「入れる」	**place** the minced garlic in the skillet「フライパンにみじん切りにしたニンニクを入れる」
・toss in/into「〜をさっと入れる」	**toss in** the diced tomatoes「角切りにしたトマトをさっと入れる」 ※ throw in ともいう。
・pour「注ぐ」	**pour** the chicken broth into a pan「鍋にチキンスープを注ぎ入れる」
・dilute「薄める、希釈する」	**dilute** the beef stock with 200 ml of boiling water「ビーフストックを 200ml の熱湯で薄める」
・thicken「とろみをつける、味を濃くする」	add potato starch until the sauce **thickens**「ソースにとろみがつくまで片栗粉を入れる」
・flip / turn over「ひっくり返す」	**flip** the steak「ステーキをひっくり返す」
★ **transfer**「移す」(→ p. 87)	**transfer** the onion rings to paper towels to drain「油を切るためにオニオンリングをキッチンペーパーに移す」
・skim「あくを取る」	**skim** off any scum「あくを取る」 ※ scum は「あく」。野菜のあくは harshness という。
・degrease「油を取る」	**degrease** the stew by laying a clean paper towel over the surface「表面に清潔なキッチンペーパーを置いてシチューの油を取る」
・baste「(肉や魚を焼きながら)一定の時間ごとにソースやタレをつける」	**baste** the chicken with barbecue sauce「チキンにバーベキューソースをかけながら焼く」

（火元を離れた場所で）

・mash「つぶす」	use a potato masher to **mash** the potatoes「ポテトマッシャーを使ってジャガイモをつぶす」
・stuff「詰める」	**stuff** the green peppers with filling「ピーマンに具を詰める」
・marinate「マリネにする、マリネ液に漬ける」	**marinate** the chicken for at least 3 hours「チキンを少なくとも 3 時間マリネ液に漬ける」
・pickle「酢に漬ける、酢漬けにする」	**pickle** the onions in a preserving jar「保存用の瓶の中でタマネギを酢漬けにする」
・roll「巻く」	**roll** the sushi rice「寿司飯を巻く」
・roll out「綿棒で（生地を）伸ばす」	**roll out** the dough「生地を伸ばす」
・knead「（生地を）こねる」	**knead** the dough「生地をこねる」
・divide/portion「（生地などを）分ける」	Once risen, **divide** the dough into 8 equal portions.「生地が発酵したら、八等分してください」　※ rise は「発酵する」。
・form/shape「形を作る」	**form/shape** the dough into a ball「パン生地を丸める」
・crimp「（パイ生地などに）溝や波の形をつける」	**crimp** the pie crust [pie dough]「パイ生地に波型をつける」※他に flute もある。
・nuke/microwave「電子レンジで調理する」	**nuke** the potatoes「電子レンジでジャガイモを加熱する」

仕上げるときのフレーズ（完成から盛り付け） Track 8

★ **sprinkle/scatter/dust/drizzle/pour/dollop**「ふりかける、のせる」（→ p. 70）	**sprinkle** the cinnamon on top「上にシナモンをふりかける」
	scatter the cheese over the macaroni「マカロニの上にチーズをふりかける」
・unmold「ゼリーやケーキを型から外す」	**unmold** the jelly「ゼリーを型から外す」
・spread「薄く塗る、広げる」	**spread** whipped cream「ホイップクリームを塗る」
★ **garnish**「添える、飾る」（→ p. 82）	**garnish** generously with cilantro「仕上げにパクチーをたっぷり添える」　※★ **generously**「たっぷり惜しみなく」（→ p. 92）
・serve「（飲み物や食べ物を）出す」	**serve** the soup while it's hot「熱いうちにスープを出す」
・serve with「～を添えて出す」	**serve with** lime wedges「くし形に切ったライムを添えて出す」
・arrange「盛り付ける」	**arrange** the lettuce on a plate「皿にレタスを盛り付ける」
・top with「～をトッピングする」	**top with** almond slices「アーモンドスライスをのせる」
・smother「たっぷりかける」	**smother** vanilla ice cream with chocolate sauce「バニラアイスにチョコソースをたっぷりかける」
・slather「たっぷり塗る」	**slather** butter on the bread「パンにバターをたっぷり塗る」
★ **to taste**「お好みで」（→ p. 91）	add more lemon juice **to taste**「お好みでさらにレモン汁を足す」
・if desired「望むなら、好むなら」	Add a little wasabi, **if desired.**「お好みでワサビを少し加えてください」

② 英語レシピに頻出の動詞リスト

3

「茹でる・煮る」「焼く・炒める・揚げる」…
ややこしい動詞の意味の違い

1 絵でわかる調理器具やキッチン用品の英語

2 英語レシピに頻出の表現

3 海外の料理のレシピに英語で挑戦

4 海外で人気の和食レシピを英語で説明してみう

　このページからは料理レシピや調理過程で頻繁に登場する動詞を中心に、同じ日本語の意味を持ちながらニュアンスが異なる単語の違いを学びましょう。英語レシピを正確に理解するのに役立つこと間違いなしです。

***

「切る」
cut/chop/mince/shred/dice

🔘 Track **9**

---

cut

「（半分に・ひと口サイズに）切る」

レシピの重要フレーズ

> **cut** the bell peppers in half
> 「パプリカを半分に切る」
>
> **cut** the chicken into bite-sized pieces
> 「チキンをひと口大に切る」
> ※ bite-sized 「ひと口サイズの」
>
> **cut** the cucumber into round slices
> 「キュウリを輪切りにする」

---

　cut は「切る」を表す最も一般的な単語ですが、後に置くフレーズを変えることで、「どんな風に切るか」がほとんど表現できます。例えば「〜を半分に切る」は cut 〜 in half、「ひと口サイズに切る」は cut 〜 into bite-sized pieces、「輪切

42

りにする」は cut 〜 into round slices となります。

「輪切りにする」は他に cut 〜 into thin slices を使って cut the carrot into thin slices「ニンジンを薄い輪切りにする」、slice を動詞で使って slice the green onions into rings「青ネギを薄く輪切りにする」のようにもいえます。

「縦半分にカットする」や「横半分にカットする」は、「縦方向に」を表す lengthwise [lengthways] や「横方向に」の crosswise を後ろにつければ OK。「バナナを縦半分に切る」は cut the banana in half lengthwise、「豆腐を横半分に切る」は cut the tofu in half crosswise となります。

「半分に切る」は、他に halve「〜を等分する」を使って halve the apple「リンゴを半分に切る」。さらに quarter「〜を四等分する」を使って quarter the apple「リンゴを四等分に切る」ともいえます。

chop

「トントンと力強く切る」

レシピの重要フレーズ

roughly **chop** tomatoes and parsley
「トマトをとパセリをザク切りにする」
※ roughly「粗く」

finely **chop** garlic and ginger, and place into a large mixing bowl
「ニンニクとショウガを細かく切って、大きめのボウルに入れる」
※ finely「細かく」

chop は cut に比べると「力を入れて繰り返し切る、たたき切る」といったニュアンスがあり、トントンと包丁の音が響いてくるような「乱切りにする」「不揃いに切る」という意味です。レシピでは roughly chop「〜をザク切りにする」、finely chop「〜を細かく刻む」の形で多く出てきます。また、finely「細かく」

は料理でよく使われますので、ぜひ覚えておきましょう。fine「きめ細かい」は fine-mesh sieve「目の細かいふるい」にも使われます。

> **chop off** the stem of the shiitake mushroom
> 「シイタケのへたを切り落とす」
> ※ chop off 〜「〜を切り落とす」

chop off 〜「〜を切り落とす」は野菜のへたなどをスパッと切り落とすときの表現。前置詞 off があるので「切れて離れていく」というイメージを持つとよいでしょう。

mince

「みじん切りにする」

レシピの重要フレーズ

> **mince** garlic and ginger
> 「ニンニクとショウガをみじん切りにする」
>
> **mince** the onions and heat in the microwave for 2 minutes
> 「タマネギをみじん切りにして、レンジで2分加熱する」

mince は chop と比べてさらに細かく切り刻むニュアンスで、「みじん切りにする」という意味です。mince には「ひき肉にする」の意味もあり、「牛ひき肉」は minced beef（アメリカ英語では、動詞 grind「ひく、砕く」の過去分詞 ground を使った ground beef）。ミンチにする機械は mincer で、アメリカ英語では meat grinder と呼ばれます。

「みじん切り」は他に、cut [chop] 〜 into fine [small, tiny] pieces のように cut や chop を用いることもあります。

shred

「千切りにする」

shred the cheese and melt in the microwave
「チーズを細かく切り、レンジにかけて溶かす」

shred the cabbage and place in a bowl
「キャベツを千切りにしてボウルに入れる」

shred は不要な書類の処分に使用するシュレッダーで馴染みがあると思いますが、もともと「ズタズタに細く切る・裂く」の意味。料理では「千切りにする」という意味で使います。「千切りキャベツ」は shredded cabbage といいます。海外ではピザ用チーズ（細かくカットされたチーズ）の袋に shredded cheese「細切りチーズ」と表記されています。

「千切りにする」は shred 以外に、フランス語に由来する julienne を使って julienne the carrot「ニンジンを千切りにする」ともいいます。cut 〜 into thin [julienne] strips を使って cut the cabbage into thin [julienne] strips「キャベツを千切りにする」のようにいうこともあります。thin strips は「細長く切れたもの」。julienne は動詞「千切りにする」の用法と、形容詞「千切りになった」の用法とがあります。

dice

「角切りにする」

レシピの重要フレーズ

peel and **dice** the carrots into 1 cm cubes

「ニンジンの皮をむいて1センチの角切りにする」

※ peel「皮をむく」、cube「さいころ形、立方体」

scoop out the avocado and **dice** into cubes

「アボガドの中身をくり抜いて、さいの目に切る」

※ scoop out「くり抜く」

dice「さいころ」はその意味からもわかるように、料理では「角切りにする」「さいころ状にカットする」意味で使います。四角に「ダイスカット」されたパイナップルやマンゴーがスーパーマーケットで売られているのをイメージしましょう。

◉その他の「cut ~ into …」「cut ~ on …」のフレーズ

…の部分で、どのように切るかが表現できます。

ざく切りにする

cut 〜 into large pieces [chunks]

cut 〜 into thick slices

cut the potatoes <u>into large pieces</u>

「じゃがいもをざく切りにする」

くし形に切る

cut 〜 into thick wedges　※ wedge「くさび形」

cut the onions <u>into thick wedges</u>

「タマネギを大きめのくし形に切る」

千切りにする

cut 〜 into thin [julienne] strips

cut the carrot <u>into thin strips</u>

「ニンジンを千切りにする」

三等分に切る

cut 〜 into thirds

cut the tomato <u>into thirds</u>

「トマトを三等分に切る」

斜めに切る

cut 〜 on a bias / cut 〜 on an angle

cut the green onions <u>on a bias</u>

「青ネギを斜め切りにする」　※ bias「傾き、斜線」

cut the salmon <u>on an angle</u> into very thin slices

「サーモンを斜めに薄く切る」　※ angle「角度、方向」

「切る」に関する英語　復習クイズ

次の日本語の意味に合う英語を考えてみましょう

①チキンをひと口サイズに切る
cut the chicken into (　　　　) pieces

②タマネギをみじん切りにする
(　　　　) chop the onion

③トマトを縦半分に切る
cut the tomato in (　　　)(　　　　)

④ニンジンを千切りにする
(　　　　) the carrot

⑤お豆腐を角切りにする
(　　　　) the tofu

⑥キュウリを斜めにスライスする
slice the cucumber on a (　　　　)

⑦千切りキャベツ　(　　　　) **cabbage**

⑧豚ひき肉　(　　　　) **pork**

ANSWERS
① bite-sized　② finely（または「mince the onion」）
③ half lengthwise　④ shred/julienne　⑤ dice　⑥ bias　⑦ shredded
⑧ minced/ground

いかがでしたか？　「切る」に関するさまざまな単語のニュアンスの違いが理解できましたか？　次は「混ぜる」に関する単語を見ていきましょう！

1 絵でわかる調理器具やキッチン用品の英語

2 英語レシピに頻出の表現

3 海外の料理のレシピに英語で挑戦

4 海外で人気の和食レシピを英語で説明してみよう

「混ぜる」
mix/blend/stir/combine/whisk/toss/beat/fold

Track **10**

mix

「グチャグチャと混ぜる」

レシピの重要フレーズ

mix all the ingredients in a bowl

「すべての材料をボウルの中で混ぜ合わせる」

※ ingredients「材料」

make sure you mix the flour and eggs really well

「小麦粉と卵をよく混ぜるようにする」

※ make sure「確実に〜する」

mix は pancake mix「ホットケーキミックス」や frozen mixed vegetables「ミックスベジタブル」、mixed-fruit juice「ミックスジュース」のように和製英語の「ミックス」として日本語でもかなり多く登場しますね。英語レシピにおける mix「混ぜる」のニュアンスは、「材料を元通りにならないくらい混ぜて、1つのものにする」ことです。わかりやすい例はハンバーグや餃子のタネを作るときで、材料をグチャグチャと混ぜ合わせるイメージです。

いろいろと混ぜ合わさったもののことを mixture といいます。cake mixture「ケーキの材料を混ぜたもの」、egg mixture「卵液」も覚えておきましょう。

③ややこしい動詞の意味の違い

49

blend

「(ミキサーなどで) しっかりと混ぜる」

レシピの重要フレーズ

blend the mixture until smooth
「合わせた材料をなめらかになるまでしっかり混ぜる」

add 1/2 cup of the flour and stir well to **blend**
「小麦粉 1/2 カップを加え、混ざり合うようによくかき混ぜる」

blend は単に「混ぜる」という意味では mix とも言い換え可能ですが、「さらにしっかり混ぜる」というニュアンスが強いです。よって blend は、レシピではミキサーなどを使って材料を細かく混ぜるときに使うことが多いです。

blend には「望ましい結果を生むためにしっかりと混ぜ合わせる」というニュアンスがあります。これが mix との大きな違いで、つまり「混ぜ合わせることで完成品をさらに良くする」イメージ。例えば「ブレンドコーヒー」は複数のコーヒー豆を混ぜ合わせ、それぞれの豆の特性を活かすことで極上の風味を出すので、ミックスコーヒーとは言わずに「ブレンド」と呼ぶのです。ただ混ぜるだけの mix には blend ほどのこだわりがありません。

ただ、類語というのは必ず意味が「重なり合うゾーン」があり、明確な違いがかなりわかりにくい場合も多いです。ですので、数多くの英語レシピを読んでみて、実際の英単語の使われ方に触れながら語感を養い理解していくことをおすすめします。

stir

「くるくると液体をかき混ぜる」

レシピの重要フレーズ

gently **stir** the egg mixture with a spatula

「卵液をへらでやさしくかき混ぜる」

※ spatula「へら」

stir all ingredients until lumps disappear

「すべての材料を、だまがなくなるまでかき混ぜる」

※ lump「だま、かたまり」

stir は中身を溶かすために「液体などをくるくるとかき混ぜる」という意味。コーヒーフレッシュをスプーンで混ぜる、スープにスパイスを投入後にそれを溶かすようにかき混ぜる、といったイメージを捉えましょう。

他に「心をかき立てる」の意味もあります。「混ぜる」のニュアンスで、内側から心をぐるぐる刺激して感情や記憶を呼び起こすという意味になります。

レシピでは stir in 〜「〜を入れてかき混ぜる」の形でも多く使います。

レシピの重要フレーズ

stir in the soy sauce and sesame oil

「醤油とゴマ油を入れて混ぜる」

stir in the sugar until fully dissolved

「砂糖を入れて完全に溶けるまで混ぜる」

※ dissolve「溶ける」

さらに、材料が焦げないように「混ぜながら炒める」といった意味でも使われます。

Cook the sauce until it's nice and thick. Add in shredded cheese and **stir** well.

「程よくとろみが出るまでソースを火に通し、ピザ用チーズを加えて焦げないよう混ぜ合わせてください」

combine

「材料を合わせる」

combine wet and dry ingredients

「液体とドライ系（粉末系）の材料を合わせる」

in a large saucepan, **combine** the water and kombu over medium-high heat

「大きめの鍋に、水と昆布を合わせて中火〜強火にかける」

combine というと化学結合のイメージかもしれませんが、料理のレシピでも多く登場します。もともと「結びつける」の意味があるので、グチャグチャ混ぜるというよりは、材料と材料をつなぐように「合わせる」と考えたほうがわかりやすいです。

例えばマフィンを作る工程で、液体系の材料（牛乳、バター、卵）と粉末系の材料（小麦粉、ベーキングパウダー、砂糖）をボウルの中で1つに合わせる場合や、野菜ジュースを作るときにミキサーにいろいろと野菜や果物を入れる場合などに使います。

whisk

「泡立て器で混ぜる、泡立てる」

whisk the egg whites until they form stiff peaks

「卵白の角がピンと立つまで泡立てる」

※ stiff「固い」、peak「尖った先」

whisk「泡立て器」は動詞の意味もあり、「泡立てる」「泡立て器で混ぜる」を表します。「（ふわふわに）泡立てる」意味の場合は基本的には whisk のすぐ後ろに目的語（泡立てるもの、つまり卵白や生クリームなど）が来ることが多いです。（例：whisk heavy cream「生クリームを泡立てる」）

in a medium bowl, whisk together the flour, baking powder, baking soda, and salt

「中型のボウルに小麦粉、ベーキングパウダー、重曹、塩を混ぜ合わせる」

※ baking soda「重曹」

「泡立て器を使って材料を混ぜる」場合は whisk together の形が非常に多いです。whisk には「虫を追い払う」意味もあり、手をササッと動かして手際良く混ぜるイメージ。whisk in ～「かき回しながら～を入れる」も覚えておきましょう。

toss

「ドレッシングやソースを和える」

toss the greens with the dressing

「青野菜にドレッシングを軽く混ぜ合わせる」

※ greens「青野菜」

toss「ボールを軽く投げる」は球技のイメージですが、料理では「ふんわり軽く混ぜ合わせる・和える」の意味です。例えばサラダの仕上げに、レタスをポンポンとやさしくトスして、ドレッシングをふんわりと和えるときなどに使います。

beat

「卵を混ぜる」

レシピの重要フレーズ

beat the eggs and sugar together

「卵と砂糖を合わせて混ぜる」

beat the egg whites and half the sugar using an electric mixer

「電動泡立て器を使って卵白と砂糖の半分の量をよく混ぜる」

※ electric mixer / electric eggbeater「電動泡立て器」

beat は文字通り「音楽のビート」のイメージを捉えましょう。すなわち「ビートに乗せてどんどん打ちつけるようにリズムよく混ぜる」イメージです。特に卵やバターを混ぜる工程でよく出てきます。

beat the eggs「卵を溶く」は定番フレーズ。「元の形を崩してシャカシャカと素早く混ぜる」状況で使います。

fold

「やさしく混ぜ込む」

fold the egg whites into the batter

「衣用の生地に卵白をふんわり混ぜ込む」

※ batter「衣用の生地」

gently **fold** the egg yolks into the whipped eggs

「泡立てた卵に卵黄をやさしく混ぜ込む」

※ egg yolk「卵黄」

fold は服や紙を「折りたたむ」の意味ですが、料理では「ゴムベラなどを使ってふんわりと食材を混ぜ込む」ことを表します。例えばケーキの材料である泡立てた卵白に粉を混ぜ込む工程において、ふわふわの卵白を壊さないようにやさしく混ぜるときの動きが fold です。

「包む」「折り重ねる」という意味からも想像できるように、外側から内側に向かってふんわりと包み込むように混ぜていくイメージ。

fold in ～「～を入れて包み込むように混ぜる」も多く使われているので、覚えておきましょう。

fold in the flour and baking powder until you have a creamy consistency

「小麦粉とベーキングパウダーを入れて、なめらかな状態になるまで混ぜる」

※ consistency「（ソースやスープなどの）濃度・固さ」

③ややこしい動詞の意味の違い

55

「混ぜる」に関する英語　復習クイズ

次の日本語の意味に合う英語を考えてみましょう

①レタスにドレッシングをふんわり混ぜ合わせる（和える）

(　　　　　) the lettuce with the dressing

②卵を溶く

(　　　　　) the eggs

③卵白を泡立てる

(　　　　　) the egg whites

④大きめのボウルにすべての材料を（グチャグチャと）混ぜ合わせる

(　　　　　) all the ingredients in a large bowl

⑤（液体に）バニラエッセンスを入れてかき混ぜる

(　　　　　) in the vanilla essence

⑥小さいボウルに泡立て器でレモン汁、酢、塩、こしょうを混ぜ合わせる

in a small bowl, (　　　　)(　　　　　) the lemon juice, vinegar, salt, and pepper

---

ANSWERS
① toss ② beat ③ whisk ④ mix ⑤ stir ⑥ whisk together

いかがでしたか？　卵を溶くときのスピード感をイメージできる語は何だったでしょうか。

では、次は「茹でる」「煮る」に関する単語を見ていきましょう。

（左余白・縦書き）

「茹でる」「煮る」

boil/parboil/simmer/braise

boil

「熱湯で茹でる」

レシピの重要フレーズ

bring the chicken broth to a **boil**
「鶏がらスープを沸騰させる」

combine all the ingredients in a large pot over high heat and bring to a **boil**
「大きな鍋に材料をすべて混ぜ合わせ、強火で沸騰させる」

「茹でる」「煮る」を表す英語表現の中で一番馴染みがあるのは boil でしょう。boil pasta「パスタを茹でる」や boil eggs「卵を茹でる」のように使いますが、実際のレシピで圧倒的に多く使われているのは bring 〜 to a boil「〜を沸騰させる」のフレーズです。ぜひチェックしておきましょう！

　ソースなどを「煮詰める」場合には boil down を使って、boil down the sauce until thickened「ソースをとろみがつくまで煮詰める」のようにいいます。thickened は「煮詰まって味が濃くドロドロの状態になる」の意味。他に cook down「煮詰める」もあります。

parboil

「下茹でして半分火を通す」

parboil the asparagus in a pot with boiling water for about 5 minutes

「鍋にお湯を沸かしてアスパラガスを約5分下茹でする」

parboil bamboo shoot beforehand

「あらかじめタケノコを下茹でしておく」

※ beforehand「前もって」

　野菜などを下茹でする場合は parboil「下茹でして半分火を通す」が適しています。半茹でにして、次に炒めたり蒸したりする前の下ごしらえで使います。「さっと熱湯にくぐらせる」場合には blanch を使います。例えばトマトの皮を湯むきするときや、ナメコにさっと湯通しする場合など。レシピでは blanch tomatoes for 20 seconds「トマトを20秒湯通しする」のようにいいます。湯通しした後で冷水に取るところが parboil との違いです。

simmer

「グツグツ・コトコトと煮る」

let it **simmer** for about 30 minutes

「約30分弱火で煮る」

add the coconut milk and bring to a **simmer**

「ココナッツミルクを加えて煮る」

　「煮る」を表す語には simmer や stew がありますが、「弱火でグツグツ・コトコト煮る」は simmer です。bring 〜 to a simmer「とろ火で煮る」のフレーズはよ

1
絵でわかる
調理器具やキッチン用品の英語

2
英語レシピに頻出の表現

3
海外の料理のレシピに
英語で挑戦

4
海外で人気の和食レシピを
英語で説明してみよう

く使われるので、ぜひ覚えておきましょう。

　さらに弱い火加減で「とろ火でじっくり時間をかけて煮る」なら stew。こちらは simmer の意味にさらに「材料がやわらかくなるまで」のニュアンスが含まれます。「シチュー」をイメージするとわかりやすいですね。ただ、和製英語の「シチュー」は英語の stew の発音と大きく異なるので注意しましょう。

braise

「(炒めて) 蒸し煮にする」

レシピの重要フレーズ

braise the asparagus, turning from time to time
「時々アスパラガスを返しながら蒸し煮にする」

　braise はフランス料理に「ブレゼ」とあるように、「蒸し煮にする」という意味で、肉や野菜を油で炒めた後にふたをして少量の水やワインで煮る調理法です。braised vegetables「野菜の蒸し煮」は野菜のやさしい味が口の中にじんわりと広がるおいしい一皿です。忙しいときでも、さっと気軽に野菜を調理でき、量もたくさん食べられるので、特に健康志向の人（health-conscious people）には人気のある料理です。

　poach は poached egg「ポーチドエッグ」でよく知られるように、「沸騰しない程度のお湯の中で崩れないように茹でる」という意味です。卵の他に、鶏むね肉にじっくり火を通して作る poached chicken [steamed chicken]「サラダチキン」もあります。

「茹でる」「煮る」に関する英語　復習クイズ

次の日本語の意味に合う英語を考えてみましょう

①トマトをさっと湯通しする
(　　　　　) the tomato

②3カップの水を沸騰させる
(　　　　　) the 3 cups of water to a boil

③アスパラガスを下茹でする
(　　　　　) the asparagus

④とろ火にかけて、ジャガイモが完全にやわらかくなるまで野菜をコトコト煮る
bring to a (　　　　　) and (　　　　　) the vegetables until potatoes are fully cooked

⑤お肉と野菜を蒸し煮にする
(　　　　　) the meat and vegetables

ANSWERS
① blanch　② bring　③ parboil　④ simmer, stew　⑤ braise

いかがでしたか？　「湯通しする」というときの語は何だったか、覚えていましたか？
では次は「焼く」「炒める」「揚げる」に関する単語です。

「焼く」「炒める」「揚げる」
grill/broil/bake/roast/sear/fry/stir-fry

grill

「直火で焼く」

レシピの重要フレーズ

grill the meat until golden brown

「お肉をきつね色になるまで焼く」

※ golden brown「きつね色」

grill the fish for 3 minutes on each side, brushing with the sauce every 30 seconds

「はけで 30 秒ごとにソースを塗りながら魚の両面を焼く」

※ brush with ～「～をはけで塗る」

　grill は文字通り「肉や魚を直火で焼く」「網焼きにする」を意味します。バーベキュー用コンロを「barbecue grill」というように、まさにお肉が直火でジュージューと焼き上がって、おいしそうな香ばしい匂いが漂ってくる感じがイメージできます。

broil

「オーブンで濃い焼き色をつける」

レシピの重要フレーズ

broil the steak until sizzling golden brown on top

「表面にジュージューと焼き色がつくまでステーキを焼く（ブロイルする）」

※ sizzle「ジュージューと音を立てる」

1
絵でわかる
調理器具やキッチン用品の英語

2
英語レシピに頻出の表現

3
海外の料理のレシピに
英語で挑戦

4
海外で人気の和食レシピを
英語で説明してみよう

broil は特にアメリカで使用されることが多く、オーブンで肉や魚に、しっかりと焼き色をつける目的で焼く場合に使います。一般的にアメリカのキッチンにはコンロと一体型のオーブンがついていて、broil の機能があります。つまり grill との違いは「熱の加え方」で、焼き網などにのせて下火で焼くのが grill、オーブン調理で上からの熱できれいな濃い焼き色をつけるのが broil。だから grill で焼くときは注意しないと黒く焦げてしまいます。

bake

「オーブンでお菓子などを焼く」

レシピの重要フレーズ

bake until the potatoes have become tender and the surface is lightly golden brown

「ポテトがやわらかくなり、表面にうっすらと焦げ目がつくまでオーブンで焼く」

bake は主にお菓子やパンをオーブンで焼く場合に使われます（例：bake some cookies「クッキーを焼く」、bake an apple pie「アップルパイを焼く」）。また、グラタンやポテトを焼くのにも使います。ちなみに粉を使った焼き菓子やパンを pastry といいます。パティシエは pastry chef と呼ばれます。

roast

「直火やオーブンで焼く」

レシピの重要フレーズ

roast the bell peppers and onions

「パプリカとタマネギをオーブンでローストする」

roast はローストビーフやローストチキンのイメージが浮かびますね。その名の通り「肉のかたまりや野菜を直火やオーブンでじっくり焼く・あぶり焼きにする」ときに使います。肉だけでなく、例えば私のアメリカ人の親友は食後に roast [toast] marshmallows「マシュマロを焼く」が習慣になっています（とろりと甘く、香ばしくておいしい！　でもカロリーに注意）。つまり、じんわり火を通すのがロースト。roast は焼く以外に「豆を炒る」意味もあり、roast coffee beans「コーヒー豆を炒る」のようにも使います。

sear

「表面を焦がす」

レシピの重要フレーズ

sear the meat to keep the juice inside
「肉汁を閉じ込めるためにお肉の表面を焼きつける」
※ keep the juice inside「肉汁を閉じ込める」

sear the outside of the steak first
「まずはステーキの表面を焼きつける」

　sear のイメージはカツオのたたきが一番わかりやすい例で、「表面を焦がす、焼き印をつける」という意味です。油で強く表面を焼き付けて中まで火を通さない調理に使います。seared bonito（カツオのたたき）、seared tuna（マグロのたたき）は日本食でもお馴染みのメニュー。

fry

「炒める、揚げる」

レシピの重要フレーズ

fry an egg over easy
「卵を両面焼きで半熟に焼く」
※ over easy「（卵が）両面焼きで半熟の」

fry「炒める」は、中華鍋やフライパンでさっと炒めて作る fried rice「チャーハン」が良い例です。「目玉焼き」のことも fried egg といい、fry はどちらかといえば「(油で)炒める」「油で加熱調理する」の意味で使われます。一方、fry を「揚げる」の意味で使う場合もあり、例えば Japanese fried [deep-fried] chicken「とりのから揚げ」や fried fish「魚のフライ」のように、完成した料理の名前で使われることが多いです。

「(多めの油で)揚げる」は基本的には deep-fry が使われます。フライパンで少量の油で調理(揚げ焼き)するのは panfry といいます。餃子をフライパンで焼くときや、チキンを少ない油で揚げ焼きするときなどに使います。

stir-fry

「強火で混ぜながら炒める」

レシピの重要フレーズ

> stir-fry the broccoli until crisp-tender
>
> 「ちょうど良い歯応えが残るくらいまでブロッコリーを炒める」
>
> ※ until crisp-tender「程よくシャッキとするまで」

stir-fry は「かき混ぜる」の stir が入っていることから、例えば野菜炒めのときに具材がフライパンから飛び出しそうなくらいに勢いよく炒めているイメージがぴったりです。

sauté は「ソテーする」と日本語にもなっていますが、「軽く炒める」の意味で、ガンガン炒める stir-fry よりはアクションがおとなしい感じと捉えてください。

「焼く」「炒める」「揚げる」に関する英語　復習クイズ

次の日本語の意味に合う英語を考えてみましょう

①肉と野菜を炒める

(　　　　　) the meat and vegetables

②エビを揚げる

(　　　　　) the shrimp

③マグロをたたきにする（表面に焼き色をつける）

(　　　　　) the tuna

④アップルパイを焼く

(　　　　　) the apple pie

⑤マシュマロの表面をあぶる

(　　　　　) the marshmallows

⑥目玉焼きを焼く

(　　　　　) the egg

③ややこしい動詞の意味の違い

ANSWERS

① stir-fry/fry　② deep-fry　③ sear　④ bake　⑤ roast　⑥ fry

いかがでしたか？　微妙な違いが理解できたでしょうか。

次は「少量の」におけるニュアンスの違いをチェックしましょう。

「少量の」
pinch/dash/splash/touch

pinch
「ひとつまみ」

レシピの重要フレーズ

add a **pinch** of salt
「塩をひとつまみ加える」

sprinkle a large **pinch** of cinnamon
「少し多めにひとつまみシナモンをふりかける」

　調理の下準備で頻繁に出てくるのが「ひとつまみ」です。特に「塩」は大さじや小さじなど、料理によって量はさまざまですが、必ず使用する調味料です。「塩ひとつまみ」は a pinch of salt と表現します。pinch は動詞だと「つまむ、つねる」の意味で、a pinch of 〜は「塩や砂糖、ハーブなどの乾燥したもののひとつまみ」です。英語のレシピでは、この「ひとつまみ」より少し多めの量を表すa large pinch of 〜もよく登場します。（a big pinch of 〜もあり）

dash
「ひとふり」

レシピの重要フレーズ

add a **dash** of olive oil
「オリーブオイルをひとふり入れる」

> season with lemon juice and a **dash** of balsamic vinegar
> 「レモン汁とバルサミコ酢をひとふりして味つけする」

　料理を仕上げる工程で、例えば最後の風味づけにゴマ油を加える場合がありますが、その場合の「ひとふり」する量のことを a dash of ～「ひとふりの～」を使って表します。液体やスパイスをさっとひとふりするときの表現です。

　ここで、前のページの a pinch of ～と a dash of ～の違いについてご説明しましょう。dash にはもともと「物をぶつける」という意味があります。すなわち調味料がボトルに入った状態で、それをいかにも鍋やフライパンに（ぶつけるように）さっとひとふりして入れる量が a dash of ～です。つまり、a <u>pinch</u> of nutmeg は「指でナツメグひとつまみ」、a <u>dash</u> of nutmeg は「ビンに入ったままでナツメグをひとふり」を表します。pinch より dash のほうが量は多くなります。

splash

「たらりと落とす」

レシピの重要フレーズ

> add a **splash** of sesame oil
> 「少量のゴマ油を加える」
>
> pour a **splash** of vegetable oil in a heated frying pan over medium heat
> 「中火で熱したフライパンに少量のサラダ油を入れる」

　dash の量よりさらに多い場合には a splash of ～を使います。splash は動詞で「バチャバチャと水を飛ばす、液体をまき散らす」の意味があり、名詞では「水しぶき」の意味です。ですので、ちょうどフライパンに適量の油をたらりと（さーっと）投入するときには splash が適しています。

touch

「風味づけ」

1

絵でわかる
調理器具やキッチン用品の英語

2

英語レシピに頻出の表現

3

海外の料理のレシピに
英語で挑戦

4

海外で人気の和食レシピを
英語で説明してみう

レシピの重要フレーズ

You can add a **touch** of lemon juice to brighten the flavor.

「味を引き立てるためにレモン汁をほんの少し風味づけに加えることもできます」

※ brighten the flavor「味を引き立たせる」

Serve with a **touch** of parsley on top.

「仕上げに風味づけのパセリをのせてできあがり」

「ほんの少し風味づけに」というニュアンスで a touch of 〜が使われます。レシピでは、すでに完成したものに、さらに香りや風味を足すような状況で用いられることが多く、柑橘系のフルーツや香りの強い野菜、シナモンやミントといったスパイスを追加するときなどに使われます。touch を使うことで、フレッシュなレモンやスッキリしたパセリの風味が伝わってきます。

「少量の」に関する英語　復習クイズ

次の日本語の意味に合う英語を考えてみましょう

①少量のサラダ油をフライパンにたらす
add a (　　　　) of cooking oil

②オリーブオイルをひとふり入れる
add a (　　　　) of olive oil

③シナモンをひとつまみふりかける
sprinkle a (　　　　) of cinnamon

④風味づけに新鮮なバジルをふりかけて盛り付ける
serve with a (　　　　) of fresh basil sprinkled on top

⑤多めに砂糖ひとつまみを入れてかき混ぜる
stir in a (　　　　) pinch of sugar

ANSWERS
① splash　② dash　③ pinch　④ touch　⑤ large/big

では、次は「ふりかける」など、「少量の」に関するさまざまな表現について
見ていきましょう。

上から「ふりかける」「注ぐ」「のせる」 ● Track 14

sprinkle/scatter/dust/drizzle/pour/dollop

sprinkle

「ふりかける」

レシピの重要フレーズ

sprinkle sliced almonds over breakfast cereal
「朝食のシリアルにアーモンドスライスをふりかける」

sprinkle some cheese on top and bake in a pre-heated (170℃) oven 25–30 minutes until golden
「上にチーズを散らし、予熱したオーブン（170℃）で 25 〜 30 分間、こんがり焼き色がつくまで焼く」

「ふりかける」「散らす」を表すのはまず sprinkle です。芝生に「水をまく」の意味もあるので、庭に置かれた sprinkler「スプリンクラー」から水があちこちにまかれる様子を想像してニュアンスをつかみましょう。

なお、sprinkle with parsley「パセリをふりかける」のように with を伴うこともあります。（sprinkle with 〜「〜をふりかける」）

scatter

「（広い範囲に）まく、ふりかける」

scatter some lemon zest on top

「上にレモンの皮を（まんべんなく）散らす」

※ lemon zest「レモンの皮」

scatter some grated Parmesan over the pasta

「パスタにすりおろしたパルメザンチーズを（まんべんなく）ふりかける」

scatter と sprinkle の違いは、動詞の意味から考えましょう。scatter は「人や動物を追い散らす」「四方八方にばらまく」という意味があり、sprinkle と比べてもっと広範囲な「距離感」を表現します。例えば、机の上の書類が窓からの強風で部屋中にバラバラと飛ばされ、「あちらこちら」に紙が散在するイメージ。節分の豆まきが bean-scattering ceremony ということからもわかるように、豆まきは確かに距離が必要です。公園でハトにエサをやる(エサをまく)のも scatter を使います。つまり scatter は「広い範囲にまんべんなくふりかける」、sprinkle は「ある一定の場所に集中的にふりかける」といったニュアンスの違いがあります。

dust

「粉類をパラパラとまぶす」

dust with 1/2 tsp salt

「小さじ 2 分の 1 の塩をふる」

※ tsp [＝teaspoon]「小さじ」

dust the cake with powdered sugar

「ケーキに粉砂糖をふる」

dust は粉状の材料、例えばココアパウダーや粉砂糖を上からパラパラとふりかける際に使います。dust には「ちり、ほこり」や「砂金」(gold dust) の意味もあります。例えば氷点下 10℃以下の寒い冬の快晴の朝に見られるという「ダイヤモンドダスト」のイメージを捉えるとわかりやすいでしょう。まるで「氷晶がキラキラと朝日を浴びて空気中を舞うように」繊細な粉をパラパラとふりかける。ですので、細かい粉状のものには dust を使うことが多いです。

drizzle

「液体をたらす」

レシピの重要フレーズ

drizzle the soy sauce in the pot
「鍋に醤油をくるりと回し入れる」

drizzle with a bit of olive oil in the mixing bowl
「ボウルにオリーブオイルを少したらす」

drizzle はもともと「霧雨、小雨」の意味で、It's just drizzling now. は「今ちょうど小雨が降っている」という天気を表す表現。これが料理になると、液体の調味料を回し入れる場合に、例えば「醤油をひと回し入れる」「ゴマ油を少々たらす」のように使います。まさに上から小雨を降らせるような感じです。

drizzle といえば、私がロサンゼルスにいる頃に大好物だったお菓子が orange drizzle cake でした。Bundt 型（円形のケーキ型で、中央に穴があいたもの）のおいしいオレンジのケーキで、上から甘い drizzle（砂糖のシロップ）がかかっており、日本では食べたことがなかったケーキでした。このように柑橘系と甘いお砂糖でできたスイーツには目がないのですが、とにかく drizzle は「液体のしたたり」の意味です。

pour

「液体をどぼり」

pour the chicken broth into a skillet
「フライパンにチキンスープを注ぐ」

pour the boiling water into a mixing bowl
「ボウルに熱湯を注ぐ」

液体を「ドボーッ」と注ぐのであれば pour を使います。pour には Oh, it's started to pour.（あら、雨が降り出した）のように「雨が激しく降る」の意味があります。他に pour money into 〜で「〜にお金をつぎ込む」の意味もあることからも、drizzle と比べるとはるかに量が多いです。pour over 〜「〜の上からかける」のようにも使います。

dollop

「ひとすくい」

dollop the cake with whipped cream on top
「ケーキのトッピングに、ホイップクリームをのせる」

pancakes served with a large **dollop** of butter melting on top
「溶けたバターがたっぷり盛られたパンケーキ」
※ large dollop 「大きめのひとすくい分」

料理を盛り付ける際に、やわらかいものを上にのせる工程がありますが、その場合は dollop を覚えておきましょう。dollop はジャムやアイスクリーム、バターといったやわらかい（ねばねばした）食品をスプーンですくった「かたまり」「ひとすくい分」のことで、動詞の dollop はそれを「のせる」という意味です。

1
絵でわかる
調理器具やキッチン用品の英語

2
英語レシピに頻出の表現

3
海外の料理のレシピに
英語で挑戦

4
海外で人気の和食レシピを
英語で説明してみよう

上から「ふりかける」「注ぐ」「のせる」に関する英語　復習クイズ

次の日本語の意味に合う英語を考えてみましょう

①上にオリーブオイルをたらす

(　　　　) the olive oil on top

②チーズをマカロニ<u>全体に広く</u>ふりかける

(　　　　) the cheese over the macaroni

③付け合わせに、スライスした青ネギをふりかける

(　　　　) sliced green onions on top as a garnish

④ティラミスの上にたっぷりとココアパウダーをふりかける

(　　　　) the cocoa powder over the top of the tiramisu
generously

⑤いちごムースの上にホイップクリームをのせる

(　　　　) the whipped cream over the strawberry mousse

ANSWERS

① drizzle（液体に使用）　② scatter（「全体に広く」→距離感を強調）

③ sprinkle　④ dust（特に細かい粉を繊細に）　⑤ dollop

お疲れさまでした。これで微妙なニュアンスを持つ料理単語の確認クイズは
終わりです。Chapter 2-4 では「脇に置く」や「寝かせる」といった料理特
有の表現を見ていきましょう。

③ややこしい動詞の意味の違い

75

「〜するまで」を表すレシピの定番フレーズ

レシピでは「焼き色がつくまで」や「とろみがつくまで煮詰める」のように、「〜するまで」という表現がとても多いです。ここでは、覚えておくと理解がスムーズになるものを集めました。

「軽くきつね色（焦げ目）がつくまで」（焼く・炒めるとき）
  until lightly browned

「熱くグツグツ音を立てるまで」（オーブンで焼くとき）
  until hot and bubbly　※ bubbly「ふつふつと泡立つ」

「いい香りが立つまで」（ニンニクなどを炒めるとき）
  until aromatic / until fragrant

「(野菜などが) シャキッとしたやわらかさになるまで」
  until crisp-tender　※ crisp and tender ともいう。

「タマネギが透き通るくらいまで」（加熱するとき）
  until the onions are translucent　※ translucent「半透明の」

「少ししんなりするまで」（炒めるとき）
  until slightly wilted　※ wilt「しおれる、しぼむ」

「(肉などが) 完全に火が通るまで」
  until cooked through　※ cook には「火が通る」の意味もある。

「(水分などが) 半分の量になるまで」(ソースなどを煮詰めるとき)

　until it reduces by half

「(水分などが) ほとんど蒸発するまで」

　until mostly evaporated　※ evaporate「蒸発する」

「ソースに程よくとろみがつくまで」

　until the sauce is nice and thick　※ thick「(液体が) 粘度がある」

「2倍の量になるまで」(生クリームを泡立てるとき)

　until double in size

「ようじを中心に突き刺して抜いたときに何もついてこなくなるまで」

　until a toothpick inserted in the center comes out clean

「油が乳化するまで」(ドレッシングを作る工程で)

　until the oil is emulsified　※ emulsify「乳化する」

「しっかりと角が立つまで卵白を泡立てる」

　whip [beat] egg whites until stiff peaks form / until they hold stiff peaks

　※ stiff「固い、ピンと立った」、peak「尖った先」

「水面に浮き上がってくるまで」(材料を茹でているとき)

　until they float to the top　※ float「浮かぶ、浮く」

「好みの固さ (濃度) になるまで」(ソースを仕上げるときなど)

　until it reaches the desired consistency

　※ desired「望まれた」、consistency「濃度、粘度」

Track **16**

　このページからは料理特有の表現をさらに深く解説します。レシピで多く登場する重要な語句ばかりをピックアップしました。

＊＊＊

（卵を）割る

crack

「卵を割る」は動詞 break を使うのではないかと思うかもしれませんが、crack「ひびを入れる」を使うほうが一般的です。break だと中身が壊れて、肝心の卵の黄身までもグチャグチャにするニュアンスになってしまいます。crack は名詞「割れ目、亀裂」の意味からもわかるように、平らなところに卵をコツコツと軽く打ちつけて、ひびを入れて卵を割る行為がイメージできます。

> **crack** three eggs into a bowl
> 「卵 3 個をボウルに割り入れる」

解凍する

defrost, thaw

「解凍する」は defrost と thaw の 2 つの動詞がありますが、解凍の方法でニュアンスが異なります。まず defrost は de-（「分離・否定」を表す接頭辞）＋ frost（霜）で「霜を除去する」という意味から「解凍する」を表します。つまり defrost は主に「電子レンジなどの調理機器を使用して解凍する」場合に使われます。アメリカでは電子レンジに表示される「解凍ボタン」にも defrost が使われています。

　一方、thaw は主に「冷凍庫から食品を出してゆっくり自然に解凍する」場合に使われます。thaw には「北極の氷が解け始める」のように、氷や雪が「自然

に解ける」「液体になる」の意味があります。

---

defrost the pizza in the microwave
「レンジでピザを解凍する」

defrost the freezer
「冷凍庫の霜を取る」

---

thaw the frozen chicken at room temperature
「凍ったチキンを自然解凍する」

thaw the frozen pie sheet at room temperature
「冷凍のパイシートを自然解凍する」
※ thaw 〜 at room temperature「〜を自然解凍する」

「(室温で) 半解凍する」場合は partially「部分的に、不十分に」を使って thaw 〜 partially となります。覚えておきましょう。

例：thaw the frozen strawberries partially「凍ったイチゴを半解凍する」

寝かせる（置く）

let 〜 sit, let 〜 rest

焼菓子の生地を扱いやすくしたり、下味をしみ込ませたりする目的で「材料を寝かせる」ことを let 〜 sit, let 〜 rest で表現します。「寝かせる」の直訳で sleep とはしません。sit はこの場合「そのままの状態にする」の意味です。

---

let the dough **sit** overnight
「パン生地を一晩寝かせる」

---

let them **sit** for 30 minutes to reconstitute

「それらを水で戻すため30分ほど置く」

※ reconstitute「水で戻す」

put the bowl in the fridge and **let** it **rest** for about 30 minutes

「ボウルを冷蔵庫に入れ、約30分寝かせる」

※ fridge [＝refrigerator]「冷蔵庫」

脇に置く

set aside

　set aside は「脇に置いておく」「取りのけておく」という意味。具体例としては下準備の野菜を切った後や、お肉に焼き色をつけてフライパンからいったん取り出した後など、次の調理工程に進む前に頻繁に使われるフレーズ。

finely mince the remaining herbs and **set aside**

「残りのハーブを細かく切って、いったん脇へ置く」

Once the chicken pieces are browned, remove to a plate and **set aside**.

「チキンに焼き色がついたら皿に移し、しばらく置いておいてください」

　aside は「脇へ」「外れて」の意味で、日常会話では (All) joking aside,「冗談はさておき」のように使われます。

溶かす（溶ける）

dissolve/melt

　dissolve「溶解させる、分解する」は化学用語のイメージですが、料理では砂糖や塩などの調味料が溶けるまで混ぜるといった場面で多く使われます。つまり dissolve は「液体の中で溶かす（溶ける）」場合に用います。

> stir frequently until sugar is completely **dissolved**
>
> 「砂糖が完全に溶けるまでよくかき混ぜる」
>
> **dissolve** the 1 tsp of gelatin in 2 tbsp of hot water
>
> 「小さじ 1 杯のゼラチンを大さじ 2 杯のお湯で溶かす」
>
> ※ tsp [＝teaspoon]「小さじ」、tbsp [＝tablespoon]「大さじ」

　一方、melt は「固体が溶けて液体になる」場合に使います。バターやアイス、チョコレートが溶ける場合などが良い例です。

> **melt** 2 pats of butter in the skillet
>
> 「バター 2 片をフライパンで溶かす」
>
> double boil the chocolate until it's perfectly **melted**
>
> 「完全に溶けるまでチョコレートを湯煎にする」

　ちなみに、あらかじめカットされた状態で売られているバターの四角い 1 切れを pat といいます。pat はバターのかたまり 1 つ分を表す単語で、例えばバター 2 片は 2 pats of butter となります。

ひたす

soak/steep

　「ひたす」は soak と steep がありますが、目的によって使い方が違います。まず soak「(液体が) 浸透する」は豆やドライフルーツなどに「水分を含ませる」場合に使います。ゆっくりお風呂に浸かることを「have a good soak in the bath」というように、soak の意味は「水にしっかりひたす」ことです。

> **soak** the red beans in water overnight
>
> 「小豆を一晩水に浸ける」

soak the dried figs in hot water to soften them for at least 30 to 45 minutes

「干しイチジクを最低 30 分から 45 分お湯にひたす」

一方、steep はお茶の葉や出汁、ティーパックを「水やお湯に浸けて味（成分）を出す、抽出する」場合に使います。

steep the tea bags in hot water first before you cool it for iced tea

「アイスティーとして冷やす前にまずはティーバッグをお湯に浸ける」

This green tea **steeps** well.

「この緑茶は出が良い」

このように、「ひたす」といっても使い方は大きく異なります。

添える、飾る

garnish

garnish は「飾りつける」「付け合わせる」という意味の動詞で、料理の仕上げにパセリやバジルの葉をあしらう際などに使われます。名詞の garnish には「付け合わせ、つま」の意味があり、例えばラディッシュやキュウリなどの野菜を切ってかわいい動物や花の形にアレンジしたものは vegetable carving garnish（野菜の飾り切り）と呼ばれます。

garnish the salad with the celery leaves and crushed almonds

「サラダにセロリの葉と砕いたアーモンドをあしらう」

garnish the pizza with fresh basil leaves

「ピザに新鮮なバジルを盛りつける」

敷く

line

　料理やお菓子をオーブンで焼く際に、材料がくっつかないようにクッキングシートを天板に敷くのが line です。「線を引く」という意味以外に、料理では「内側を覆う」の意味があります。下の例は多くのレシピで使われるお決まりフレーズ。

> **line** a baking sheet with baking parchment
> 「天板にクッキングシートを敷く」
> ※ baking parchment「クッキングシート」

line with 〜「〜を敷く」の形でも多く登場します。

> **line with** aluminum foil and lightly grease
> 「アルミホイルを敷いて軽く油を塗る」
>
> **line with** parchment paper and coat the paper with cooking spray
> 「クッキングシートを敷いて、それに油をスプレーする」
> ※ coat「コーティングする」

油を引く

grease

　天板やフライパン、お菓子の型などに油やバターを引くときに使うのが grease です。「フライパンに油を引く」は grease an frying pan です。何の油を使うかは後ろに with をつけて続けます。名詞の grease は「円滑油」「油脂」や「髪につける油」の意味。

> **grease** a frying pan with cooking oil
> 「フライパンにサラダ油を引く」
>
> **grease** the muffin tin with cooking spray or butter
> 「マフィン型にオイルスプレーかバターを塗る」

中華料理のような「脂っこい食べ物」を greasy food というように、greasy は日常会話では形容詞としてよく使われます。

（魚を）おろす

fillet

fillet は名詞で「ヒレ肉」や「魚の切り身」ですが、動詞として fillet を使うと「魚をおろす（さばく）」は fillet (a) fish（魚の中骨を取って切り身にする）になります。この他に、clear a fish、dress a fish ともいいます。clear に「内臓を取り除いて洗う」の意味があるので、clear a fish は「魚をおろす」となります。dress には「料理用に下ごしらえする」の意味があるので、dress a fish は「魚を料理用にさばく」の表現になります。さらに、dress には料理やサラダを「ソースやドレッシングで仕上げる」の意味もあります。（例：dress with mayo and season with salt and pepper「マヨネーズで和えて、塩こしょうで味つけする」）

> **fillet** a whole salmon
> 「サーモンを切り身にする」

関連語として以下も覚えておきましょう。
・scale a fish「魚のうろこを取る」　※ scale「うろこ」「魚のうろこを落とす」
・gut a fish「魚の内臓を取る」　※ gut「内臓」「内臓を取る」

味つけする

season

　レシピで一番多い表現と言っても過言ではないのが「塩こしょうで味つけする（味を調える）」。英語では season with 〜「〜で味つけする」と表現します。season は動詞で「味をつける」の意味があり、seasoning は「調味料」です。レシピの最後に Season to taste. と書かれていることもありますが、これは「最後に塩こしょうやその他お好みで味を調えましょう」という意味です。

---

season to taste with salt and pepper
「塩こしょうで味を調える」

season to taste with basil, parsley, oregano, and garlic powder
「バジル、パセリ、オレガノ、ガーリックパウダーで味つけする」

　材料そのものの味を変えることなく、元の味をさらに引き出したり高めたりする目的で味つけする場合に使うのが season with 〜で、このとき使われる調味料は塩こしょうやスパイス、ハーブです。似た表現で flavor with 〜もありますが、これはすでに味ができ上がっているものにさらに味を追加する場合に使います。

衣をつける

batter

　batter は小麦粉に卵や牛乳、水を加えてドロドロに混ぜ合わさった揚げ物や天ぷらの「衣」のこと。動詞の batter は「衣をつける」という意味です。

---

dip into the **batter** and then drop gently into hot oil
「衣をつけて、熱した油にそっと投入する」

---

batter the fish and deep-fry until golden brown

「魚に衣をつけて、きつね色になるまで揚げる」

「エビの天ぷら」は prawns deep-fried in batter のように表現します（直訳：天ぷら衣で揚げたエビ）。エビは、比較的大ぶりのものは prawn、小ぶりのものは shrimp と使い分けます。

　海外では日本食が大人気で、アメリカでは「エビの天ぷら」は tempura shrimp のように、tempura とそのままメニューに書かれていることがあります。

 Track **17**

粉やパン粉をまぶす

dredge/coat

　dredge は「粉をまぶす」「衣をつける」という意味で、特にトンカツやムニエルを作る際に「パン粉」をまぶすのに使われます。ふたに小さな穴がたくさんあいていて、粉をふりかけるのに使う容器は dredger「粉振り器」。

dredge the chicken in the breadcrumbs

「チキンにパン粉をまぶす」　※ breadcrumbs「パン粉」

dip the fillet in eggwash, then **dredge** in breadcrumbs

「切り身を溶き卵につけ、そしてパン粉をまぶす」　※ eggwash「溶き卵、卵液」

「まぶす」は coat ともいいます。「コーティングする」と日本語にもなっていますね。coat は粉や砂糖をまぶすときや揚げ衣をつける際に使われます。

coat the shrimp in flour and shake off any excess

「エビに小麦粉をまぶし、余分な粉を払い落とす」 ※ excess「超過」

coat strawberries with sugar and let sit for 10 minutes

「イチゴに砂糖をまぶして 10 分置く」

移す、移動させる

transfer

　transfer は「別の乗り物に乗り換える」の意味で、日本では駅構内や電車内の英語アナウンスでよく耳にする単語ですね。料理では下準備した材料を別のボウルやフライパンに移したり、完成した料理をお皿に移したりする際に使います。

---

transfer to a baking sheet
「天板に移す」

transfer carrots to a blender, and blend until smooth
「ニンジンをミキサーに移し、なめらかになるまで混ぜ合わせる」

軽く押さえて水気を切る

pat dry

　魚の切り身をさっと水洗いした後や、サラダにする野菜を洗った後にキッチンペーパーで軽く押さえて水気を取る場合に最適な単語がpat dry。pat は文字通り「軽くたたく」で、さっと拭いて dry「水気を乾かす」のイメージがしやすい、ビジュアルな表現ですね。

---

pat dry with paper towels
「キッチンペーパーで押さえて軽く水気を切る」

rinse and **pat dry** the salmon fillet and lay on top of foil
「サーモンの切り身を洗い、軽く水気を取ってアルミホイルの上に置く」

捨てる

discard

discard は「物を捨てる」「廃棄する」という意味で、料理では余分な油や汁気を取る場面で使われます。

> discard the cooking liquid
> 「茹で汁（煮汁）を捨てる」
>
> use a spoon to remove and discard any scum on the surface
> 「スプーンを使って表面のあくを取る」
> ※ scum「あく」

「あくを取る」は他に skim off the surface ともいいます。skim off は「上澄みなどをすくい取る」という意味です。

常温（室温）

room temperature

英語で「常温」は直訳の normal temperature など、何通りか言い方があるのですが、料理のレシピではもっぱら room temperature「室温」が使われます。お菓子作りの工程で冷蔵庫から取り出したばかりのバターやクリームチーズ、卵を常温に戻す場合や、熱々のシロップを常温に戻す場合などによく出てきます。

「〜を室温に戻す」は let 〜 come to room temperature、bring 〜 to room temperature といいます。また、cool 〜 to room temperature「(熱いもの) を常温まで冷ます」、let 〜 sit at room temperature「〜を常温でしばらく置く」も覚えておきましょう。

bring the butter to **room temperature** to soften

「バターをやわらかくするため常温に戻しておく」 ※ soften「やわらかくなる」

allow the syrup to cool to **room temperature**

「シロップを室温まで冷ます」 ※ allow「～させる」

cover the bowl loosely with plastic wrap and let it sit at **room temperature** for 10 minutes

「ボウルにふんわりとラップをかけ、常温で 10 分置く」 ※ loosely「ゆるく、だらりと」

他に soften「やわらかくする」を使って soften the butter at room temperature 「バターを室温でやわらかくする」のようにもいいます。

水気を切る

drain

drain「液体を排出させる」「体力を消耗させる」は、料理においては茹で上がったパスタや野菜の水分を切る場合や、フライパンの底にたまった余分な油を取り除く場合などに使います。

drain the spaghetti in a colander and drizzle with oil

「ざるにスパゲッティをあけ、オイルを回しかける」

drain any excess fat from the skillet, and return it to the heat

「フライパンの余分な油を切って、もう一度火にかける」

※ excess fat「余分な油」

また、レシピの材料のところで「水気を切って缶詰を使う」意味で、次のように使われることもあります。

1 canned tuna, **drained**

「水分を切ったツナ缶 1 つ」

3 slices canned pineapple, **drained**

「水を切った缶詰のパイナップルのスライス 3 切れ」

すりおろす

grate

grate には「イライラさせる」「不快感を与える」という意味があり、grate one's teeth「歯をギリギリきしらせる」といった表現もある一方、料理ではショウガや野菜をゴシゴシすりおろす際に「食物をおろす、小さくする」意味で使われます。おろし金は grater といい、特にチーズをすりおろすのによく使われる四角いおろし金は box grater と呼ばれます。

grate the ginger and garlic

「ショウガとニンニクをすりおろす」

grate the onion and mix it with ground beef

「タマネギをすりおろし、牛ひき肉と混ぜる」

ソースやスパイスをもみ込む

rub

rub「ゴシゴシこする、こすり落とす」は He rubs me the wrong way.「彼は私の神経を逆なでする」という表現があるように、相手の気持ちをゴシゴシこすって「イライラさせる、不快感を与える」意味があります。料理でも「ゴシゴシと風味をつける」という意味で、肉にソースやタレをもみ込むときや食材にハーブやニンニクなどをこすって風味をつける際に使います。

> **rub** the sauce onto the meat and marinate overnight in the refrigerator
> 「肉にソースをもみ込み、一晩冷蔵庫でタレに漬け込む」
>
> **rub** the garlic onto the toasted bread on both sides
> トーストしたパンの両面にニンニクをこすりつけて風味をつける

（乾燥食品を）水で戻す

reconstitute

reconstitute は constitute「構成する」の前に接続詞の re-「再び」がついて、「再び元の状態を構成する」の意味を表す語。料理では干しシイタケやワカメなどの乾燥食品を「水で戻す」の意味で使います。

> **reconstitute** the dried mushrooms with water
> 「水に浸けてドライマッシュルームを戻す」
>
> **reconstitute** the dried figs in hot water for 15–20 minutes
> 「干しイチジクをお湯で 15 〜 20 分戻す」

シイタケの戻し汁は water made by reconstituting [soaking] shiitake mushrooms in it のように表現します。　※ soak「（水に）ひたす」

お好みで

to taste

レシピの最後によくある「塩こしょうで味を調えます」や「お好みでシナモンを加えてもいいでしょう」のようなフレーズは、英語だと to taste と表現します。

add a dollop of whipped cream and sprinkle cinnamon **to taste**

「少量のホイップクリームをのせ、お好みでシナモンをふりかける」

add cinnamon **to taste**

「お好みでシナモンを加える」

When the stew is ready, add salt and pepper **to taste**.

「シチューが出来上がったら、お好みで塩とこしょうを加えましょう」

多めの、たっぷりの

generous

generous は「寛大な」「気前の良い」という意味で、手厚いサポートや多額の寄付をする場合に使いますが、料理では酒や油を多めに使用するときや、バターやシロップをたっぷり塗るときなど、「惜しみなくたっぷり」といった多めの量を表す単語として使われます。その量も計量カップできっちり量るというよりは、目分量で「どぼり」と注ぐようなニュアンスです。「たっぷりと」の意味の副詞では generously が使われます。

drizzle with a **generous** amount of olive oil and sprinkle with salt and pepper

「たっぷりのオリーブオイルを回しかけ、塩とこしょうをふる」

garnish the whole thing **generously** with grated Parmesan cheese

「すりおろしたパルメザンチーズを全体にたっぷりのせて盛りつける」

（スープやソースの）濃度・粘度

consistency

consistency は「濃度」や「固さ」のことで、主にソースやスープのような液

体を煮詰めるときや、卵やドレッシングなどを好みの固さに仕上げる場合などに頻繁に登場する重要な単語です。

---

reduce the sauce over high heat until it reaches a thick **consistency**
「とろみがつくまで強火でソースを煮詰める」

pour the egg mixture into a hot skillet and cook until they reach your desired **consistency**
「熱したフライパンに卵液を流し入れ、好みの固さになるまで火を通す」

余分な

excess

excess は名詞で「過多」「超過」を表しますが、レシピでは「余分な」という意味の形容詞で使用されることが多いです。野菜からの水気を拭き取るときや、フライパンの底にたまった油、揚げ衣の余分な粉などを取り除く場面でよく出てきます。

---

dredge the salmon fillet in flour to coat completely and pat off the **excess** flour
「鮭の切り身全体に粉をよくまぶし、軽くたたいて余分な粉をはらう」
※ pat off「軽くたたいて払う」

remove any **excess** fat off the skillet, then stir in garlic, pasta sauce, and oregano
「フライパンから余分な脂を取って、ニンニク、パスタソース、オレガノを入れて混ぜる」

余分な粉や水分を取る場合、pat off「軽くたたいて払う」や press out「押さえて取る」といった表現を使います。pat off the excess flour「余分な粉を払う」、press out the excess liquid「余分な水分を押さえて取る」も覚えておきましょう。

野菜の呼び方の違い

　本書を手に取ってくださっている読者の皆さんは、料理をすることがお好きで、普段から野菜を食べたり調理をしたりする機会が多いのではないかと思いますが、皆さんの一番好きな野菜は何でしょうか。

　私が一番好きな野菜はパプリカなのですが、その理由は栄養価の高い緑黄色野菜であること、洗ってすぐにスライスして生でも食べられる手軽さ、赤や黄色のカラフルなビタミンカラーで元気をもらえること、丸くコロンとしたかわいい形にキュンと癒されることなどがあります。

　そんなパプリカですが、英語の paprika は香辛料のパプリカを意味します。野菜のパプリカは、英語では bell pepper といいます。そういえばベルの形ですね。でもこのままでは「色」が示されないので、赤色パプリカなら red bell pepper と表現します。

　野菜の呼び方は国で変わるものもあります。例えば「ナス」はアメリカ英語では eggplant ですが、イギリス英語では aubergine（オーバージーン）。「ズッキーニ」はアメリカ英語では zucchini ですが、イギリス英語では courgette（コージェット）となります。aubergine と courgette はどちらもフランス語に由来しています。

　他に、タイ料理で使われる代表的な野菜「パクチー」も、アメリカ英語では cilantro ですがイギリス英語では coriander「コリアンダー」。「トウモロコシ」もアメリカ英語では corn ですが、イギリス英語では maize です。イギリスで corn は「穀物」のことで、イングランドでは麦、アイルランドとスコットランドではカラス麦のことを指します。

Chapter

3

海外の料理の
レシピに
英語で挑戦

ここでは外国の人気メニューとともにさまざまな料理表現を
紹介します。国際色に富んだレシピを用意しました。
どれも料理に役立つ使えるフレーズばかりです。
実用的な表現をチェックしましょう！

1 Shepherd's Pie／シェパーズパイ

⚜ Ingredients (3–4 servings) Track **18**

- **4 medium, peeled russet potatoes** (This is an especially **starchy** variety and well suited for baking.)
- **4 tablespoons butter** (Never **scrimp on** butter because this is what gives the dish flavor.)
- **1/4 cup whole milk** (**Heavy cream** is an excellent **substitute**. In general, more fat **equals** more flavor and calories.)
- **1 large onion** (You can **mince** one half and **dice** the other. This adds **texture** and flavor. Keep the cubes **in proportion to** the size of the other diced vegetables.)
- **1 cup mixed vegetables (or diced carrots)**
- **200 grams ground beef (or lamb)**
- **1 cup beef broth** (This can be homemade, and more satisfying, but it's **time-consuming** work.)
- **2 tablespoons flour**
- **6 tablespoons ketchup**
- **4 tablespoons Worcestershire sauce (or HP Sauce)**
- **salt and pepper** (Garlic-flavored salt works well and can be considered.)

words and phrases

□ starchy「でんぷんが多い」　□ scrimp on ～「～をけちる、出し惜しみする」
□ whole milk「全乳」　□ heavy cream「生クリーム」（→ p. 112）
□ substitute「代わりになるもの」　□ equal「等しい」　□ mince「みじん切りにする」
□ dice「角切りにする」　□ texture「食感」
□ in proportion to ～「～に比例して、～と釣り合いが取れて」
□ time-consuming「時間のかかる」
□ Worcestershire sauce「ウスターソース」　※日本で「ソース」と言えばウスターソースを指すことも多いが、英単語の sauce には特定のソースの意味はない。
□ HP Sauce「HP ソース」　※英国を代表するソース。HP は Houses of Parliament（イギリスの国会議事堂）の意味。

「シェパーズパイ」は、『ハリー・ポッター』にも登場するイギリスの定番家庭料理の１つです。パイといっても小麦粉の生地は使わずに、野菜入りのひき肉にマッシュポテトをのせて焼くだけのシンプルな料理で、肉が牛肉の場合は「コテージ（田舎の小屋）・パイ」、ラム肉なら「シェパーズ（羊飼い）・パイ」のように名前が変わります。上にチーズをトッピングしたりマッシュポテトにチーズを混ぜ込んで焼いたりしてもトロリとした食感が楽しめます。ここでは「とろみがつく」「煮崩れる」や、「代用できるもの」「コトコト煮る」「間に合わせに作る」といった表現をチェックしましょう。

❖材料（3〜4人分）

- **皮をむいた中型のラセットポテト　4個**（特にでんぷん質が多く、オーブンで焼くことに適した品種）
- **バター　大さじ4**（料理に風味を与えるので、バターはケチらないでください）
- **全乳　1/4 カップ**（生クリームに替えてもおいしくできます。一般的に、脂肪分が多くなると味も良くなりますが、カロリーも高くなります）
- **タマネギ　大1個**（半分に切って片方はみじん切り、もう片方は角切りにするとよいでしょう。こうすることで食感と風味が増します。角切りのサイズは他の野菜と釣り合うようにします）
- **ミックスベジタブル（またはさいの目に切ったニンジン）　1 カップ**
- **牛ひき肉（またはラムひき肉）　200 グラム**
- **ビーフストック　1 カップ**（これは自家製でもよく、そのほうが満足度は高くなりますが、かなり時間がかかります）
- **小麦粉　大さじ2**
- **ケチャップ　大さじ6**
- **ウスターソース（または HP ソース）　大さじ4**
- **塩、こしょう**（ガーリック風味の塩がよく合うので、使用を検討してみましょう）

① **Preheat** the oven to 200℃.

オーブンを 200℃に予熱する。

② Cook potatoes in a large pot of salted boiling water for 15 minutes, or until totally soft. Use a fork to check the middle. **Drain** well and return to the pot. Use a **potato masher** or fork to mash potatoes until smooth. Add 1 tablespoon butter and **whole milk**. Mash them until you have a thick, creamy consistency. **Season** with salt and pepper. **Set aside**.

大きな鍋に塩を入れた熱湯でジャガイモを 15 分、または完全にやわらかくなるまで茹でる。フォークで真ん中を確認する。よく水を切り、鍋に戻す。ポテトマッシャーかフォークで、ポテトをなめらかになるまでつぶす。バター大さじ 1 と全乳を加える。とろりとしたクリーム状になるまでつぶす。塩とこしょうで味をつけ、置いておく。

③ Melt 3 tablespoons butter in a pan on medium heat. First add the onions and then add the mixed vegetables. Cook until tender, but don't make them **mushy**. This should be from 6 to 8 minutes. If the **veggies** look too soft, lower the heat and **stir frequently**.

鍋にバター大さじ 3 を入れ、中火で溶かす。まずタマネギを入れ、次にミックスベジタブルを入れる。やわらかくなるまで煮る。ただし、やわらかくなり過ぎないように注意！　6 〜 8 分くらいが目安。野菜がやわらか過ぎるようであれば、火を弱め、よくかき混ぜる。

④ Add the ground beef to the pan. Cook the meat for about 5 minutes until no longer pink. Season with salt and pepper. Add Worcestershire sauce, ketchup and flour, and stir.

牛ひき肉を鍋に加える。ピンク色がなくなるまで 5 分ほど焼く。塩とこしょうで味を調える。ウスターソース、ケチャップ、小麦粉を加え、混ぜる。

❺ Pour the beef broth into the pan and <u>let</u> the broth <u>simmer</u> at low heat for another 10 minutes, stirring occasionally, <u>until sauce thickens</u>.

鍋にビーフストックを注ぎ、弱火でさらに10分、時々かき混ぜながら、ソースにとろみがつくまで煮込む。

❻ <u>Evenly</u> spread the meat filling in a casserole dish. Then, <u>top</u> it <u>with</u> the mashed potatoes. Use a fork to add a design to the mashed potatoes.

キャセロール皿にひき肉を煮たものを均等に広げる。その上にマッシュポテトをのせる。フォークを使って、マッシュポテトにデザインをつける。

❼ Bake at 200℃ in the oven for 20–25 minutes, until the meat is <u>bubbling</u> and the potatoes are golden.

200℃のオーブンで20〜25分、肉が泡立ちジャガイモに黄金色の焼き目がつくまで焼く。

words and phrases

□preheat「オーブンを予熱する」

□drain「水気を切る」　※野菜の水切りに必ず使われる単語。

□potato masher「ポテトマッシャー」

□whole milk「全乳」　※何も処理をしていない、「一般的な普通の」牛乳。他に reduced fat milk「減脂肪牛乳」、low-fat milk「低脂肪牛乳」、non-fat [fat-free] milk「無脂肪牛乳」などの種類がある。

□season「味つけをする」　※ seasoning は「調味料」の意味。

□set aside「脇に置いておく」　※ put aside ともいう。

□mushy「(野菜や果物が) 煮崩れて、(グチャグチャに) 形が崩れて」
※ prevent it from being mushy「煮崩れを防ぐ」も覚えておこう。他に fall apart while cooking「調理の間に煮崩れる」、maintain the firmness「固さを維持する」のような表現もある。

□veggies [＝vegetables]「野菜」

□stir frequently「頻繁にかき混ぜる」　※ frequently「頻繁に、しばしば」。stir は主に液体をかき混ぜるのに使うが、油で炒める際に「食材が焦げつかないように混ぜる」の意味もある。

□let 〜 simmer「〜をコトコト煮る」

□until sauce thickens「ソースにとろみがつくまで」　※ thicken「(スープやソースが) 濃くなる、とろみがつく」

1 絵でわかる
調理器具やキッチン用品の英語

2 英語レシピに頻出の表現

3 海外の料理のレシピに
英語で挑戦

4 海外で人気の和食レシピを
英語で説明してみよう

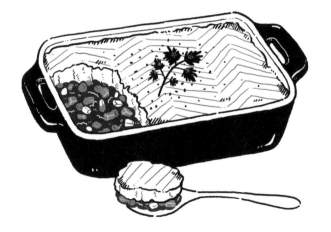

（友人同士の会話）

☆ : This is delicious! It's so **meaty**.

これ、おいしいね。すごくお肉の味がする。

★ : Yes. It's a great way to use any **leftovers** after a lamb or beef meal, but today, I bought lamb to make this for you.

そうだね。シェパーズパイはラム料理や牛肉料理の残りを使うのに最適なんだけど、今日はこれを作るためにラム肉を買ってきたよ。

☆ : It seems easy to make. How long does it take?

簡単に作れそうね。何分くらいかかるの？

★ : Easy and fast, too. It takes just 20 minutes to prepare before **popping** it in the oven. The potatoes can be **microwaved**, instead of boiling them, to save time. They'll be ready when the meat is ready.

簡単だし早いよ。オーブンに入れる前に 20 分しかかからない。ジャガイモは茹でる代わりに電子レンジでチンすれば時間節約になる。肉（ミートソース）が完成した頃にポテトもできてるよ。

☆ : I like that it's so simple. It seems like a lot of different vegetables and meats can be used.

とてもシンプルなのがいいね。いろいろな野菜やお肉が使えそう。

★ : Yes, and the sauces, too. I think meat sauce becomes much richer and tastier when I add some oyster sauce, **tomato purée**, red wine, and herbs like **thyme** and rosemary. Every shepherd's pie is a little bit different.

ソースもね。ミートソースは、オイスターソースやトマトピューレ、赤ワイン、タイムやローズマリーなどのハーブを加えると、さらに濃厚でおいしくなる。だからシェパーズパイは作るたびに少しずつ味が変化するよ。

☆ : Cool! I saw so many recipes for it online. I was looking for variations in the mashed potato part.

いいね。ネットでたくさんのレシピを見たの。マッシュポテトのバリエーションを探してたんだ。

★ : True. The meat sauce can be **improvised** but the mashed potatoes can also have stuff like roasted garlic or even cheese. To tell you the truth, until I made this for you, I made shepherd's pie to **use up** leftovers.

うん。ミートソースもいろいろ間に合わせの材料でできるけど、マッシュポテトにローストガーリックやチーズを入れたりもできるよ。実は、あなたに作ってあげるまでは、シェパーズパイは余り物で作ってたんだ。

☆ : Oh! You should give it a little more respect!

えー！　もうちょっとパイに敬意を示してよ。

★ : Haha! Now, I'll give it its **due**!

あはは！　これからはそうするよ！

☆ : Same here. Thanks for introducing me to it. I love shepherd's pie.

私も。紹介してくれてありがとう。シェパーズパイは大好き。

words and phrases

□meaty「肉がたっぷりの」　□leftovers「余り物」　□pop「ポンと入れる・置く」

□microwave「電子レンジにかける」　□tomato purée「トマトピューレ」

□thyme「タイム」　□improvise「間に合わせに作る、即興で作る」

□use up「使い切る」　□due「当然与えられるべきもの」　※この場合はパイへの敬意のこと。

ひき肉（ミンチ）のお話

　今でもはっきりと覚えていますが、まだ20代の頃に初めて行ったロサンゼルスで、英語レシピを見て夕飯を作ろうとしていた際に、材料にあった1 1/2 pounds ground chuck が牛ミンチだと知ったときは驚きでした。それまで牛ミンチを表す英語は ground beef だけだと思っていたからです。

　アメリカでは牛ミンチ（イギリス英語で beef mince）はその赤身（lean）と脂肪（fat）の比率によって以下のように分類されています。当たり前のことですが、赤身が多いほど値段も上がります。

ground chuck（lean 80%, fat 20%）
ground round（lean 85%, fat 15–10%）
ground sirloin（lean 90%, fat 8–10%）

　単に **ground beef** と表示されているものは、基本的にさまざまな牛肉の部位の余りを使ってひき肉にしているようで、脂肪分が多く、比率はだいたい lean 70%, fat 30% のようです（販売店により多少異なるためラベルを確認しましょう）。

　このような分類にまだ気づいていなかった頃に、パスタのミートソースを作ったことがありましたが、迷わず ground beef を使っていたので、ミンチを炒めたときに日本で作るときと比べてフライパンにはるかに多くの肉の脂が出て、「アメリカのお肉は脂が多いんだな」と思っていました。
　一般的にハンバーガーやミートボールには、ground chunk が一番適しているようです。でも健康のためにもっと脂肪を減らしたい場合や、味の好みで使い分けたい場合は、赤身の多い ground round や ground sirloin を使ってみましょう。

2 Spinach-and-Bacon Quiche／キッシュ

❖ Ingredients (for 22–24 cm <u>casserole dish</u>)   Track **21**

- **2 tablespoons <u>vegetable oil</u>** (A **<u>heaping</u>** tbsp of lard works better. It sounds bad but tastes great!)
- **3 slices bacon** (There really isn't a good substitute. Bacon's rich flavor really makes the dish.)
- **100 grams finely chopped onion**
- **3 cups chopped spinach** (Cut it no smaller than 3 cm by 3 cm. This helps maintain the quiche's **<u>structural integrity</u>**.)
- **4 large eggs** (You need both the **<u>yolk</u>** and the white of each egg.)
- **1 cup <u>Greek yogurt</u>** (**<u>Alternatively</u>**, you can go with 3/4 of a cup of heavy cream. You can use both in a mix, but avoid **<u>going over</u>** 1 cup whatever you choose.)
- **1 cup Cheddar cheese, grated**
- **1/2–1 cup grated cheese for topping**
- **3 teaspoons all-purpose flour**
- **salt and pepper**
- **<u>ready-made</u> <u>pie crust [puff pastry]</u>**

words and phrases

□ casserole dish「キャセロール」
□ vegetable oil「サラダ油」　□ heaping「山盛りの」
□ structural integrity「構造上の完全さ」　□ yolk「（卵の）黄身」
□ Greek yogurt「ギリシャヨーグルト」　□ alternatively「その代わりに」
□ go over ～「～を超える」　□ ready-made「既製の」
□ pie crust [puff pastry]「パイ生地」　※ pie crust は焼き上がりがズッシリして食べ応えがある。一方、puff pasty は laminated dough「層になった生地」で焼き上がりのサクサク感が強く、塩気もより多く感じられるという違いがある。

キッシュは卵と生クリームを使って作るフランス料理の一種で、海外でも朝食や週末のブランチにちょっとおしゃれなメニューとして親しまれています。基本的にはパイ生地を敷き詰めて焼きますが、最近ではカロリーカットのためにパイ生地を使わないレシピも人気があります。ここでは「既製の」「均等に焼き色がつく」や「生地に波型模様をつける」「水分を閉じ込める」「一から作る」といった表現をチェックしましょう。

✥材料（22〜24センチのキャセロール用）

- **植物油　大さじ2**（ラードなら大さじ山盛り1杯でもOK。響きは悪いですが味は格別！）
- **ベーコンスライス　3枚**（これに勝る代用品はありません。ベーコンの豊かな風味が料理を引き立てます）
- **タマネギのみじん切り　100g**
- **カットしたホウレンソウ　3カップ**（3センチ×3センチ以下の大きさに切る。キッシュの厚みを安定させるのに役立ちます）
- **卵　大4個**（黄身と白身の両方必要）
- **ギリシャヨーグルト　1カップ**（または、生クリーム3/4カップでも可。両方を混ぜて使うこともできますが、いずれにせよ1カップを超えないように）
- **チェダーチーズ（おろしたもの）　1カップ**
- **トッピング用すりおろしチーズ　1/2〜1カップ**
- **小麦粉　小さじ3杯**
- **塩、こしょう**
- **既製のパイ生地［パフペイストリー］**

---

❶ Preheat your oven to 200°C.

オーブンを 200°Cに予熱しておく。

❷ In a skillet, place the bacon and cook over medium-high heat, turning occasionally, **until evenly browned**. **Drain** the bacon slices on a paper towel. Cut into 1 cm pieces when cool.

フライパンにベーコンを入れ、中火〜強火で時々返しながら、均等に焼き色がつくまで焼く。ペーパータオルの上でベーコンの油を切る。冷めたら 1cm に切る。

❸ Cut the spinach. Do not chop it too small. 3 cm by 3 cm pieces add a lot of texture to your quiche. **Finely** chop the onion.

ホウレンソウを切る。あまり小さく切り過ぎないこと。3 センチ ×3 センチの大きさにすると、キッシュに食感が加わる。タマネギはみじん切りにする。

❹ **Beat** the 4 eggs in a bowl. **Pour in** the yogurt (or **heavy cream**). **Toss in** your cheese, flour, salt and pepper, as well. Give everything a good mix and set aside.

ボウルに卵 4 個を溶きほぐす。ヨーグルト（または生クリーム）を入れる。チーズ、小麦粉、塩、こしょうも入れて全体をよく混ぜ合わせ、置いておく。

❺ Heat your frying pan, add your lard (or vegetable oil), then lightly **fry** your bacon. Bacon has its own fat, so the lard (or oil) is really just to fry things faster. **Flash frying** works very well when the bacon bits are small. **Throw in** the chopped onions at this time.

フライパンを熱し、ラード（またはサラダ油）を入れ、ベーコンを軽く炒める。ベーコンには脂分があるので、ラード（または油）は材料を手早く炒めるために入れる。ベーコンが小さい場合は、さっと炒めるだけでよい。このとき、タマネギのみじん切りも投入。

❻ Add your chopped spinach, and **stir** the bacon and the onions. Mix it **vigorously**. Cook for about 5 minutes before **taking the frying pan off the heat**.

刻んだホウレンソウを加え、ベーコン、タマネギを焦げないように炒める。勢いよく混ぜる。5 分ほど火を通したらフライパンを火からおろす。

❼ **Lightly grease** the bottom of your casserole dish. Place your pie crust inside. You can also **crimp the edges** if you want a **fancier** finished look.

キャセロールの底に薄く油を塗る。パイ生地を中に敷く。仕上がりをもっとおしゃれにしたい場合は、パイの端に波型をつけてもよい。

❽ Spread the spinach and bacon on top of the pie crust and then pour the egg mixture evenly on top of the spinach. **Top with** more cheese.

パイ生地の上にホウレンソウとベーコンを敷き詰め、その上に卵液をまんべんなく流し入れる。さらにチーズをのせる。

❾ Bake this for 10 minutes at 200 ℃. This cooks the cheese on top to **lock in the moisture**. Finally, **lower** the temperature to 180 ℃ for another 20 minutes of baking.

これを 200℃で 10 分焼く。これで上のチーズに火が通り、（キッシュの）水分を閉じ込めることが可能になる。最後に 180℃に下げて、さらに 20 分焼く。

words and phrases

□until evenly browned「均等に焼き目がつくまで」
□drain「油分を切る」 □finely「細かく」
□beat「（勢いよく）混ぜる」 ※ beat eggs「卵を溶く」 □pour in ～「～を注ぐ」
□heavy cream [heavy whipping cream]「ヘビークリーム」 ※乳脂肪分が 36%～ 38%の生クリーム。
□toss in ～「～を加える、投げ込む」 □fry「炒める」 □flash fry「さっと炒める」
□throw in ～「～を投げ込む」 ※ toss in の類語。
□stir「（焦げないように）混ぜながら炒める」 □vigorously「勢いよく、活発に」
□take the frying pan off the heat「フライパンを火からおろす」
□lightly grease「軽く油を塗る」

□crimp the edges「端を波型にする」　※ crimp「ひだをつける」（crimp the edges は他に flute the edges ともいう）

□fancy「おしゃれな」　□top with ～「～を上にのせる」

□lock in the moisture「水分を閉じ込める」　□lower「低くする」

（カップルの会話）

☆ : Today is a quiche morning, right?

今朝はキッシュの日でしょ？

★ : Yeah! Spinach-and-bacon quiche. This is going to be totally **from scratch**.

そうだよ！　ホウレンソウとベーコンのキッシュ。完全に最初から作るんだ。

☆ : Do you mean the pie crust, too?

パイ生地も？

★ : Yes. Remember how we **skipped** making the **wraps** for the gyoza? Well, we need to make the crust for the best quiche.

そうだよ。前に餃子の皮を作るのをサボったのを覚えてる？　最高のキッシュのためには皮も作らないとね。

☆ : **Sorry to break it to you**, but I've already bought one. Do you still love me?

悪いんだけど、パイ生地はもう買ってしまったの。まだ私のこと愛してる？

★ : Haha! That's okay. We'll make a proper pie sheet from scratch next time and you'll taste the difference.

ははーん。気にしなくていいよ。次はちゃんとしたパイシートを一から作って、その違いを味わってみようよ。

☆ : I bought all the ingredients and the yogurt, too.

材料は全部買ったし、ヨーグルトも買ったよ。

★ : Did you buy the Greek yogurt?

ギリシャヨーグルトを買った？

☆ : No, I got some low-sugar, plain yogurt. A store clerk said it was basically the same thing.

いえ、低糖のプレーンヨーグルトを買ったの。店員さんが言うには、基本的には同じだと。

★ : Great. Yogurt makes the quiche healthier and even **fluffier** than using heavy cream or milk.

いいね。ヨーグルトを使うと、生クリームや牛乳を使うよりもヘルシーで、さらにふんわりとしたキッシュに仕上がる。

☆ : Spinach-and-bacon quiche is my favorite kind, but what other ingredients go well with it?

ホウレンソウとベーコンのキッシュは私も大好きだけど、他にどんな食材が合うの？

★ : The combination of *shimeji* mushrooms, salmon, and avocado is great, too. Actually, quiche can be made without a pie crust, but in that case, you can **sauté** onions slowly over low heat until **translucent** and tender, so that the quiche can still taste rich and **filling** without the crust.

シメジ、サーモン、アボカドの組み合わせもいいね。実は、キッシュはパイ生地なしでも作れるんだけど、その場合はタマネギを弱火でやわらかく半透明になるまで炒める。そうすることで濃厚で満足感のあるキッシュが味わえるよ。

☆ : Good to know!

いいことを聞いた！

words and phrases

□from scratch「最初から」 □skip「飛ばして進む」 □wrap「餃子の皮」
□Sorry to break it to you「言いにくいんだけど」 ※相手にとってネガティブな情報を伝えるときに使う重要表現。

□fluffy「ふんわりした」　□sauté「ソテーする」
□translucent「半透明な」　※ wilt「しんなりする」も覚えておこう。例：Sauté until onions wilt and begin to brown.「タマネギがしんなりして焼き色がつくまでソテーする」
□filling「満足させる、お腹を満たす」

②
キ
ッ
シ
ュ

生クリームのお話

　海外で生クリームを買おうとして、その種類の多さに唖然としたことはありませんか？　英語のレシピでも whipping cream や heavy cream といったいろいろなクリームが出てきます。これらは乳脂肪分によって分類されていて、それぞれ呼び名や用途も異なります。その違いを確認しておきましょう。

heavy cream / heavy whipping cream （乳脂肪分 36% 〜 38%）

　ケーキのデコレーションに使うホイップクリームを作るのに最も適したクリーム。ただ日本の「生クリーム」（乳脂肪分 42 〜 45%）と比べると乳脂肪分は低いので、heavy といってもまだまだ「軽い」仕上がりになる。

whipping cream （乳脂肪分 30%）

　ホイップすることはできるが、heavy cream に比べるとかなりやわらかい仕上がりになるので、デザートのトッピングやフィリングに適している。

half and half （乳脂肪分 10.5% 〜 18%）

　全乳とクリームを半々に混ぜたもので、コーヒーに入れるミルクとして使われることが多い。乳脂肪分も少ないので泡立てることはできないが、ヘルシー志向のレシピでは heavy cream と置き換えられることがある。

single cream （乳脂肪分 20%）

　英語圏で「クリーム」といえばこの single cream のことで、light cream ともいう。主に紅茶やコーヒーに入れるクリームとして使われる。ホイップクリームには適さない。

light cream（乳脂肪分 18% ～ 30%）

コーヒークリームとして使われることが多い。コーヒーには half and half よりも乳脂肪分の多いものを使いたい人に好まれる。

double cream（乳脂肪分 48%）

heavy cream よりも濃厚なクリーム。乳脂肪分が 48% なのでホイップは簡単にできるが、固くなり過ぎてしまう。お菓子作りや濃厚なパスタソースなど、料理にコクを出したいときに使う。

clotted cream（乳脂肪分 55% ～ 60%）

クリームはかなり濃厚で、一般的にはスコーンに添えて食べる。

普段日本で慣れ親しんでいるような、生クリームをしっかり泡立てたホイップでデコレーションされたケーキを海外で作ろうとすると、ホイップクリームを最適な固さにするのが難しく、結構ハードルが高いと感じる方も多いと思います。heavy cream なら泡立てることは可能ですが、まだまだ「ゆるい」ので、日本で食べるあのしっかりとしたホイップが恋しくなります。そんなとき、私のアメリカ人の親友は heavy cream を泡立ててから、その後に溶かしたマシュマロを 1 ～ 2 個入れるという裏技を伝授してくれました。そうすることでマシュマロがゼラチンの代わりになって、しっかりとしたホイップができます。ホイップが固くなり過ぎた場合は、牛乳を少量加えて調節するとよいでしょう。海外でデコレーションケーキを作るときにはぜひこの方法を試してみてください。

マシュマロを溶かすのが面倒な場合や、マシュマロを 1 袋買っても全部食べきれないという方は、marshmallow fluff というやわらかいマシュマロのクリームがスーパーで手に入るので、代わりにそれを大さじ 2 ～ 3 杯くらい入れてもいいでしょう。このクリームは余った場合でも、パンやクラッカーに塗って食べてもおいしいので、ゲットしても損はないかと思います。

3 Vietnamese Spring Rolls (Shrimp)／生春巻き

✣ **Ingredients (3–4 servings)** Track 24

- **180 grams of shrimp with the shell on** (This is about 10–12 depending on their size.)
- **100 grams <u>rice noodles</u>** (*Somen* noodles are a great <u>**substitute**</u>!)
- **1 carrot, 1 cucumber, and 1 <u>red bell pepper</u>** (Cut them into 6–8 cm thin strips. Sliced avocado is an excellent <u>**addition**</u>, too!)
- **<u>supple</u> leafy greens**
- **small, fresh mint leaves**
- **16 <u>rice paper sheets</u> [spring roll skin]**

(Peanut sauce)

- **1/2 cup creamy peanut butter**
- **2 tablespoons <u>rice vinegar</u>**
- **2 tablespoons soy sauce**
- **2 tablespoons maple syrup**
- **1 teaspoon sesame oil**

---

words and phrases

□ rice noodles「ビーフン」 ※ glass noodles「春雨」も覚えておこう。また、極細のパスタや麺は vermicelli（バーミセリ）と呼ばれる。

□ substitute「代用品」 □ red bell pepper「赤パプリカ」 □ addition「追加」

□ supple「しなやかな、曲げやすい」 □ rice paper sheets「生春巻きの皮」 ※ spring roll skin ともいう。 □ rice vinegar「米酢」

半透明のライスペーパーで色とりどりの具材を巻いた生春巻きはフォーととも
にベトナムを代表する料理で、世界各国で親しまれています。定番の具材はエビ
とアボガド、スモークサーモンとクリームチーズのコンビがありますが、他には
鶏ささみやシソ、レタス、キュウリなど、どんなフレッシュな野菜とも相性抜群
です。見た目もきれいなのでおもてなし料理としてもおすすめです。ここではエ
ビを「縦半分に切る」「殻を取る」「火を通し過ぎる」や、ライスペーパーを「筒
状に巻く」、「(料理が) 特徴的である」といった表現をチェックしましょう。

✛**材料 (3〜4人分)**

● **エビ（殻つき）　180 グラム**（大きさによるが 10 〜 12 尾程度）

● **ビーフン　100 グラム**（代わりにそうめんにしてもおいしい）

● **ニンジン 1 本、キュウリ 1 本、赤パプリカ 1 個**（6 〜 8cm 程度の細長い短冊
　状に切る。スライスしたアボカドを加えてもよい）

● **やわらかい葉物野菜**

● **小さなフレッシュミントの葉**

● **ライスペーパー［春巻きの皮］　16 枚**

（ピーナッツソース）

● **クリーム状のピーナッツバター　1/2 カップ**

● **米酢　大さじ 2**

● **醤油　大さじ 2**

● **メープルシロップ　大さじ 2**

● **ごま油　小さじ 1**

---

❶ Mix all the sauce ingredients together.

ソースの材料をすべて混ぜ合わせる。

❷ **Cut** the carrot, cucumber, and red bell pepper **into thin strips** of about 6–8 cm.

ニンジン、キュウリ、赤パプリカを 6 〜 8cm 程度の細長い短冊切りにする。

❸ Boil water and add the shrimp. After a couple of minutes, drain the water from the shrimp, **remove** the **shells**, and set them aside. When they're cool enough, **halve them lengthwise**.

お湯を沸かし、エビを入れる。数分後、エビの水気を切り、殻を取り、置いておく。十分に冷めたら縦半分に切る。

❹ While you're boiling the shrimp, use another pot to boil the noodles. Don't **overcook** them. Drain and **rinse** them.

エビを茹でている間に、別の鍋で麺を茹でる。茹で過ぎないように注意する。水気を切り、麺を水洗いする。

❺ **Fill** a bowl **with** warm water to wet the rice paper sheets. It can get a little **sticky**, so keep your hands wet. A quick **dip** is all you need for the rice paper.

ボウルにぬるま湯を入れ、ライスペーパーを濡らす。少しベタつくので、手を濡らしておく。ライスペーパーはさっと濡らすだけで OK。

❻ Place 1 leaf in the bottom third of the wrapper. Use scissors to cut the green lettuce into a **rectangle** as this makes it easier to **manage**.

葉物野菜を 1 枚、包むもの（ライスペーパー）の下 3 分の 1 に置く。レタスは、はさみで長方形に切ると扱いやすい。

❼ Add a combination of other vegetables and noodles on top. Roll **halfway** up into a **cylinder**, then **fold in** the sides. **Lay** the mint, and finally add shrimp **strips** on top. Roll into a tight cylinder to **seal**.

他の野菜と麺を合わせてのせる。半分ほど巻いて筒状にし、両側を折り込む。ミントを敷き、最後に切ったエビをのせる。そこからきつく筒形に巻いて口を閉じる。

❽ **Array** them **side by side** on a large green leaf to make it look professional.

大きな葉物野菜の上に、横にきれいに並べると、プロ並みの仕上がりになる。

words and phrases

□cut ～ into thin strips「～を細長い短冊切りにする」

□remove「取り除く」 ※ remove the skin of the onion and chop finely「タマネギの皮をむいてみじん切りにする」

□shell「殻」 ※ peeled and deveined shrimp「殻と背ワタを取ったエビ」も覚えておこう。devein は「エビの背ワタを取る」の意味。

□halve ～ lengthwise「～を縦半分に切る」 ※ halve ～ crosswise「～を横半分に切る」も知っておきたい。

□overcook「煮過ぎる、焼き過ぎる、焦げる」 ※ overdone steak「焼き過ぎのステーキ」

□rinse「洗う、すすぐ」 □fill ～ with …「～を…で満たす」

□sticky「ネバネバする、ベトベトする」

□dip「（ソースなどに）つけること、ひたすこと」 ※ dipping sauce「ディップ」

□rectangle「長方形」 ※正方形は square。 □manage「うまくやる、扱う」

□halfway「半分だけ」 □cylinder「筒」 □fold in ～「～をたたみ込む」

□lay「置く、のせる」

□strips「細長い一片」 ※この場合は縦半分に切ったエビのこと。

□seal「封をする」 □array「配置する（ずらりと並べる）」

□side by side「横に並んで」

Mini Conversation

（友人宅を訪れたときの会話）

☆ : Where are these from?

これはどこの国のもの？

★ : They're just rolls. Many countries have them. These are Vietnamese spring rolls. I'm glad you like them.

ただの巻き物だよ。いろんな国にあるけどね。これはベトナムの生春巻きだよ。気に入ってくれてうれしいな。

☆ : Oh, they're so **delicate**. They're **incredibly** light and **refreshing**, but this peanut sauce turns them into a meal.

ああ、とても繊細な味わいで軽くてさわやか。でも、このピーナッツソースがあれば、ちゃんとした食事になるね。

★ : Yes. For **finger food**, they can be **filling**. I like how they taste without any sauce, **as well**.

そうだね。フィンガーフードとしては食べ応えがある。何もつけずに食べるのも好きだよ。

☆ : It's the peanut sauce that **does the trick** for me. Is it just in Vietnam?

ピーナッツソースが効いてるね。ベトナムだけのものなの？

★ : No. Other southeast Asian countries have it, but it's a **hallmark** of Vietnamese **cuisine**. It's very **distinctive**, isn't it?

いや、他の東南アジアの国にもあるんだけど、ベトナム料理の典型的なソースだね。とても特徴的だよね。

☆ : Yeah. Is it hard to make?

そうね。作るのは難しいの？

★ : It's hard to make for you! It's hard to make for guests. It's easy for myself. There are so many variations. There are different sauces, too. I could have made **carrot-dipping sauce** for you.

君のために作るのは大変だよ！　ゲストに作るのは難しいよ。自分のために作るのは簡単なんだけどね。バリエーションがたくさんあるんだ。ソースもいろいろあるし。キャロットソースも作れたんだけど。

☆ : No, I'm very happy with this... but maybe we could try that sauce another day. I'll **chip in** with the sauce.

いえいえ、これで大満足なんだけど…でもそのソースは別の日に試してみてもいいかも。ソース作りに手を貸すよ。

★ : Haha. I'd prefer you helped with the preparation. There's not much cooking, but there's a lot of cutting. It's **labor-intensive**!

（春巻きの）準備を手伝ってくれるほうがいいな。調理はあまりないんだけど、（野菜を）切るのはたくさんあるんだ。切るのは大変な作業だよ。

☆ : I love **dunking** it in the sauce for each bite. These are **scrumptious**.

ひと口ごとにちょっとソースにつけて食べるのが好きだな。ほんとにおいしいね。

words and phrases

□delicate「繊細な、崩れやすい」　□incredibly「信じられないくらい」
□refreshing「さわやかな気分にする」　□finger food「軽食」（軽く指でつまんで食べられるもの）　□filling「量のある、お腹をいっぱいにする」　※ fill「満たす」
□as well「〜も」　□do the trick「効き目がある、功を奏する」
□hallmark「特徴」　□cuisine「料理」　※ Using fresh seasonal ingredients is the hallmark of Japanese cuisine.「季節の新鮮な食材を使うのは日本料理の特徴である」
□distinctive「特徴的な」　□carrot-dipping sauce「ニンジンのつけだれ」
□chip in「手を貸す」　□labor-intensive「労働量が多い」　※ intensive「集中的な」
□dunk「ちょっとひたして食べる」　□scrumptious「（頬が落ちるほど）おいしい」
※ scrumptious apple dessert「とてもおいしいリンゴのデザート」

③
生
春
巻
き

4 Thai Coconut Soup with Shrimp (Tom Kha Goong)／ココナッツスープ

❖ Ingredients (4 servings)
🔘 Track 27

- **3 cups chicken <u>broth</u>**
- **2 tablespoons grated ginger** (Freshly-grated ginger adds **<u>tanginess</u>** and **<u>heat</u>**.)
- **1 <u>stalk</u> fresh (or dry) lemongrass, <u>halved lengthwise</u>** (If this is hard to get locally, use either dried lemongrass or lemongrass paste. They're available online.)
- **1 teaspoon red curry paste** (For extra spiciness, add more.)
- **2 tablespoons <u>fish sauce</u>**
- **1 can coconut milk** (This isn't very expensive, so buy the best available.)
- **a dozen medium-sized shrimp, <u>peeled and deveined</u>**
- **1 cup sliced shiitake mushrooms**
- **1 cup red bell peppers** (These can be of any color. They can be sliced, diced, or both!)
- **1–2 tablespoons lime juice**
- **1 cup freshly-chopped <u>cilantro</u>** (You can add it to the soup, but it works better as a **<u>garnish</u>**.)
- **jasmine rice, steamed, <u>if desired</u>**

words and phrases

☐ broth「だし」 ※だしの素の cube（固形）と granule（顆粒）も覚えておこう。
☐ tanginess「ツンとくる風味」 ☐ heat「(味の) 辛さ、ヒリヒリ感」
☐ stalk「茎、軸」 ☐ halved lengthwise「縦半分にカットした」
☐ fish sauce「ナンプラー」
☐ peeled and deveined「皮をむいて背ワタを取った」 ※ devein「エビの背ワタを抜く」
☐ cilantro「パクチー」 ※ coriander「コリアンダー」ともいう。
☐ garnish「付け合わせ」 ☐ if desired「お好みで」

タイのココナッツスープはココナッツミルク缶が1つあれば手軽に作れるエスニック料理で、海外の人たちにも大人気です。エビの代わりにチキンを使ってもおいしいです（Tom Kha Gai）。ここでは「味がスープにしみ込む」「味を再現する」や、「食感を損なわせる」「お腹を満たす（ボリュームがある）」といった表現、最高においしい料理に出会ったときにぜひとも使いたいフレーズをチェックしましょう。

✤材料（4人分）

● **チキンスープ　3カップ**

● **おろしショウガ　大さじ2**（おろしたてのショウガはピリッとした辛さをプラスします）

● **レモングラス（乾燥でも可）　1本（縦半分に切ったもの）**（レモングラスが手に入りにくい場合は、乾燥させたレモングラスかレモングラス・ペーストを使います。ネットで購入可能）

● **レッドカレーペースト　小さじ1**（辛さを足す場合は、さらに足します）

● **ナンプラー　大さじ2**

● **ココナッツミルク　1缶**（ココナッツミルクはさほど高価ではないので、一番良いものを使ってください）

● **エビ（中）　12尾**（殻をむいて背ワタを取ったもの）

● **スライスしたシイタケ　1カップ**

● **赤パプリカ　1カップ**（他の色のパプリカでもOK。スライスでもさいころ状でも、どちらでもOK！）

● **ライム汁　大さじ1～2**

● **切りたてのパクチー　1カップ**（スープに混ぜても構いませんが、付け合わせにするほうがベター）

● **炊いたジャスミンライス、お好みで**

1
絵でわかる
調理器具やキッチン用品の英語

2
英語レシピに頻出の表現

3
海外の料理のレシピに
英語で挑戦

4
海外で人気の和食レシピを
英語で説明してみよう

❶ In a large pot, add the 3 cups of broth, ginger, lemongrass, curry paste and fish sauce. Mix and **simmer** (low heat) on the stove for about 12–15 minutes in total. **Overcooking** will **break down** the **textures** of the ingredients. Avoid that problem.

大きな鍋にだし汁 3 カップ、ショウガ、レモングラス、カレーペースト、ナンプラーを入れる。混ぜ合わせ、弱火で合計 12 ～ 15 分ほど煮込む。煮込み過ぎると素材の食感が損なわれるため、それは避ける。

❷ Add the shrimp, mushrooms and bell peppers after 8 minutes. This is especially important for the **diced** bell peppers, which are easy to overcook and **lose their skin**.

8 分たったらエビ、シイタケ、パプリカを加える。特に角切りのパプリカは火の通りが早くて皮がなくなってしまいがちなので、注意が必要。

❸ Check to see when the shrimp are fully **cooked**. This should happen within 4 or 5 minutes. Break 1 shrimp in half to check how it's doing inside. **Undercooked** seafood is another kind of problem to avoid.

エビに完全に火が通ったかどうか確認する。通常は 4、5 分で火が通る。エビを 1 尾半分に割って、中の状態を確認する。魚介類の生煮えも避けたいトラブルの 1 つ。

❹ Add the coconut milk. The key to this soup is not to overcook it. Boiling will cause the coconut milk to **separate**. This **curdled** look still tastes great but is **unappealing** to the eye. The **trick** here is to **master the timing** of adding these ingredients. By 12 or 13 minutes, everything has cooked well enough.

ココナッツミルクを加える。このスープのポイントは煮過ぎないこと。沸騰させるとココナッツミルクが分離してしまう。凝固すると、味はまだいいとして、見た目が悪くなってしまう。コツは、材料を加えるタイミングをマスターすること。12 ～ 13 分ほどすると、すべての材料に十分火が通る。

❺ **Remove** the pot from the stove, and **let** it **stand** for a couple of minutes. This allows the flavors to **seep out into the soup**.

鍋をコンロからはずし、2〜3分そのまま置く。こうすることでスープに味がしみ込む。

❻ Now, remove the lemongrass stalks, if used. Add **a splash of** lime juice, or keep it on the table as a **condiment**.

ここで、もしレモングラスを使用している場合は取り除く。ライム汁をかけるか、もしくは薬味として食卓に置いておく。

❼ Use cilantro as a garnish. You can serve it over **a bed of** steamed rice for a **heartier**, risotto-style meal.

コリアンダーを盛りつける。ご飯の上にかけると、もっとボリュームのあるリゾット風の食事になる。

> **words and phrases**

□simmer「煮る」　□overcook「煮過ぎる」　※ boil down「煮詰める」もチェック。
□break down「弱める、壊す」　□texture「食感、歯ごたえ」　※ have a little crunchy texture「軽い歯応えがある」も覚えておこう。
□diced「角切りの」　※ cubed「さいころ状に切れた」
□lose one's skin「（パプリカの）皮がはがれる」
□cooked「火が通っている」　※ cook は「料理する」以外に「火を通す」の意味がある。
□undercooked「十分に加熱調理がされていない」　※ undercook「生煮え・生焼けにする」
□separate「分離する」　□curdle「凝乳にする」　※牛乳などの乳製品は長時間加熱すると分離を引き起こすので、調理の仕上げに入れるのがベター。
□unappealing「魅力のない」　□trick「コツ」
□master the timing「タイミングをマスターする」
□remove「移動させる、取り外す」　□let 〜 stand「〜をそのままでしばらく置く」
□seep out into the soup「スープにしみ込んでいく」　※ seep out「しみ込んで次第になくなる」。他に、The simmer allows all the nutrients in the ingredient seep out into the soup.「煮込むことで材料の栄養分がスープにしみ込む」のように使う。
□a splash of 〜「少量の〜」　※さっとふりかける量。
□condiment「薬味、香辛料」　※出来上がった料理に使う。　□a bed of 〜「〜を敷き詰めたもの」

□hearty「たっぷりある」　※他に「心がこもった、元気な、栄養のある」の意味もある。
※ hearty breakfast「ボリュームたっぷりの朝ご飯」

1　絵でわかる
調理器具やキッチン用品の英語

2　英語レシピに頻出の表現

3　海外の料理のレシピに
英語で挑戦

4　海外で人気の和食レシピを
英語で説明してみよう

Mini Conversation

（カップルの会話）

☆ : I love this! **This is to die for!** What's your **secret**? I want to cook this soup for you next time. What's that green thing you **threw away**?

これ大好き！　とってもおいしいね！　秘訣は何？　今度は私がこのスープを作ってあげたいの。捨てた緑色のものは何？

★ : Lemongrass. Lemongrass is the **quintessential** southeast Asian ingredient. Lemongrass and coconut milk make this the best Thai soup.

レモングラスだよ。レモングラスは東南アジアを代表する食材だよ。レモングラスとココナッツミルクで最高のタイのスープになるんだ。

☆ : I do like this better than the soup we had at that restaurant in LA.

LA のレストランで食べたスープよりこっちのほうが好きだな。

★ : Thanks! The blend of fresh flavors is the key. **Freshness** is the secret. There are so many types of vegetables in this recipe that it's hard to **duplicate**. Every meal will be a little different. These ingredients are cooked **at separate times**, too, so adding them into the pot is just like an art. I really have to **pay attention** to the order. It takes 5 minutes to learn this recipe, but a **lifetime** to learn how to cook it well.

ありがとう。新鮮な味のブレンドが決め手なんだ。新鮮さが秘訣だよ。このレシピ（スープ）にはたくさんの野菜が入っているから、毎回同じ味を再現することは難しいんだ。作るたびに少しずつ味が変わる。食材に火が通るタイミングもバラバラで、まるでアートを作るようだよ。材料を入れる順番を間違えないようにしないといけない。このレシピは 5 分で覚えられるけど、上手に作れるようになるには一生かかるんだ。

☆ : Sounds like a lot of hard work.

何だか大変そうね。

心配しないで。僕の経験を教えるから。まず注目すべきはココナッツミルク。あまりに早い段階や温度が高いときに加えると分離してしまうんだ。

☆ : Go on. I'll take notes so I can **return the favor** to you!

続けて。今度お返しができるようにメモを取るから。

words and phrases

□This is to die for!「とってもおいしい」 ※直訳は「この料理のために死んでもいい」。最高のおいしさを表現したいときの決まり文句。 □secret「秘訣」

□throw away「捨てる」 □quintessential「真髄の、典型的な」

□freshness「新鮮さ」 □duplicate「まねる、コピーを作る」

□at separate times「別々のタイミングで」 □pay attention「注意を向ける」

□lifetime「生涯」 □focus on 〜「〜を重点的に取り扱う」

□at a high temperature「高温で」 □return the favor「お返しをする」

「マヨネーズ」の味は1つではない

　日本と外国（アメリカ）との食文化で驚いたことの1つが、マヨネーズの味が日本製のマヨネーズと違うことでした。日本のマヨネーズは酸味が強くて卵の風味もしっかり感じられるのに対して、アメリカ製は形状もふわふわとクリーミー。日本のマヨネーズの味を期待していると、食べたときにかなりぼやけた味がして物足りなさを感じます。日本製のマヨネーズは材料に卵黄を使いますがアメリカでは全卵を使用するので、味にそのような違いが生まれるのでしょう。その違いは色にも現れていて、日本製は黄色に近いクリーム色ですが、アメリカ製はかなり白っぽく、ほんとにこれはマヨネーズなの？と思うくらいです。

　マヨネーズのパッケージも全く違います。ご存じのように日本ではチューブに入っていますが、アメリカではプラスチック製の丸い容器や瓶に入って売られています。だからマヨネーズを使うときはしぼり出すのではなく、スプーンのような道具ですくって使うことになります。ちょっと手間に感じてしまうかもしれません。

　当時、私のアメリカ人の親友は Kraft Heinz（クラフト・ハインツ）製の Miracle Whip というマヨネーズをよく使っていましたが（名前の通りかなりフワフワです）、年齢を重ねていくうちにオーガニック製のマヨネーズを使うようになりました。でもオーガニックを使っても味の「物足りなさ」は変わらないままです。

　日本製のマヨネーズは最近海外でも人気が高く、大きなスーパーに行けばわざわざアジアンマーケットに行かなくても手に入ります。ただ、日本で買うよりは高値で売られているので、マヨネーズが大好きな方は日本からいくつか持参するのがベターかもしれません。

5 Baked Macaroni & Cheese
／マカロニ＆チーズ

❖ Ingredients (3–4 servings) Track **30**

- **1 <u>heaping</u> cup pasta [elbow macaroni]** (Any <u>tubular</u> pasta works!)
- **1/4 cup butter**
- **60 to 100 grams of all-purpose white flour** (This can be measured as 1/4 to 1/2 cup. More flour produces more **thickness**. The **<u>key takeaway</u>** here is that the dish's thickness can come from some combination of cheese and flour. Start with a quarter cup and work your way up the next time you make it.)
- **1/2 teaspoon salt**
- **2 cups whole milk**
- **3 cups shredded Cheddar cheese** (Grate the cheese yourself to produce the best result. In fact, shredded cheese sold at a store may contain **<u>anti-clumping additives</u>**…)
- **2 tbsp Parmesan cheese**
- **2 tbsp <u>breadcrumbs</u>**
- **1 egg** (The **<u>egg white</u>** is all you need, but don't waste the **<u>yolk</u>**. Using both is fine.)
- Ground black pepper **<u>to taste</u>**

words and phrases

□ heaping「山盛りの」 □ tubular「管状の」 □ thickness「濃厚さ」
□ key「重要なもの、秘訣」 □ takeaway「学び、レッスン」
□ anti-clumping additives「凝固防止剤」 ※ additives「添加物」
□ breadcrumbs「パン粉」(panko flour ともいう) ※ crumb「かたまり」
□ egg white「卵白」 □ yolk「卵黄」 □ to taste「お好みで」

マカロニ&チーズは、アメリカの子どもから大人まで幅広い層から愛されている国民食といっても過言ではありません。学校の給食やクリスマスなどのホームパーティー、夕飯として日常的にも食卓に並ぶ、まさに comfort food（食べるとホッとする食事）です。レシピは、シンプルなチーズソースにマカロニを入れただけのものから、さらに上からチーズをトッピングして焼くもの、一般的なチェダーチーズ以外のチーズを使うものまで、そのバリエーションは無限大です。ここでは「山盛りの」「好みの固さになるまで」や「（チーズが）じわっと溶け出る」「〜を使うと間違いなくおいしい」といった表現をチェックしましょう。

❖材料（3〜4人分）

- パスタ［エルボーマカロニ］　山盛り1カップ（管状のパスタならどのタイプでもOK！）
- バター　1/4カップ
- 小麦粉（白）　60〜100グラム（これは1/4から1/2カップの量です。小麦粉の量が多いと濃厚さがもっと出ます。ここで重要なポイントは、チーズと小麦粉の分量によって出来上がりの濃度を決めることが可能だということ。まずは1/4カップから始めて、次回作るときは少しずつ増やしてみましょう）
- 塩　小さじ1/2
- 全乳　2カップ
- 細切りのチェダーチーズ　3カップ（チーズは自分ですりおろすと、一番おいしくできます。実際、細かくカットされた市販のチーズには、凝固防止剤が含まれている可能性があります…）
- パルメザンチーズ　大さじ2
- パン粉　大さじ2
- 卵　1個（卵白は必要ですが、卵黄を無駄にしないように。両方使っても大丈夫です）
- ひいた黒こしょう　適量

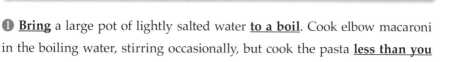

❶ **Bring** a large pot of lightly salted water **to a boil**. Cook elbow macaroni in the boiling water, stirring occasionally, but cook the pasta **less than you normally would**. Having it **al dente** is ideal, because it'll be baked afterwards. Drain this pasta and set it aside.

大きめの鍋に軽く塩を入れたお湯を沸かす。沸騰したお湯でエルボーマカロニを時々かき混ぜながら茹でるが、茹で加減は通常より控えめにする。この後に焼くので、アルデンテが理想的。パスタの水気を切って置いておく。

❷ In a **mixing bowl**, make the cheese sauce by combining butter and flour. Then, whisk in the milk and a **beaten egg**. **You can't go wrong with** using **heavy whipping cream**!

ボウルにバターと小麦粉を入れてチーズソースを作る。そこに牛乳と溶き卵を加えて泡立て器で混ぜる。(牛乳の代わりに) 生クリームを使っても間違いなくおいしい。

❸ Cook this on low heat in a saucepan. Add 2 cups of Cheddar cheese and stir until melted. Add in more milk or heavy cream until the sauce is your **preferred viscosity**. This can be as **runny** or thick as you like. Remember that the sauce will **reduce** further when it's in the oven.

これを鍋に弱火で煮て、チェダーチーズ 2 カップを加え、溶けるまで混ぜる。ソースが好みの固さになるまで牛乳または生クリームを足していく。ちょっと薄めでも濃いめでも OK。ソースはオーブンに入ると量が減るので注意。

❹ Combine the cheese sauce with cooked pasta in a large bowl.

大きめのボウルにチーズソースと茹でたパスタ [マカロニ] を入れ、混ぜ合わせる。

❺ **Transfer** half of the macaroni-and-cheese mixture into a baking or gratin dish, and sprinkle with the half cup of shredded Cheddar cheese. Cheddar is the traditional choice, but other types can make this recipe your **signature** dish.

そのマカロニとチーズが混ざったものの半分の量を耐熱皿かグラタン皿に移し、半カップの細切りチェダーチーズをふりかける。チェダーチーズを使うのが一般的だが、他の種類のチーズにしてもあなた独自のレシピになる。

❻ **Top** the rest of the **mac and cheese** **with** the remaining shredded cheese. More cheese in the middle makes it **gooey**. More cheese on top makes a hard cheesy crust and completely cooks al dente pasta. Sprinkle the Parmesan and the breadcrumbs over the top. Bake at 200°C for 10 minutes.

残りのマカロニとチーズが混ざったものものせ、さらにその上に細切りチーズをのせる。間のチーズを多めにすると、チーズがじわっと溶け出る。トッピングのチーズを多めにすると、チーズがパリパリの皮のようになり、アルデンテのパスタに完全に火が通る。上にパルメザンチーズとパン粉をふりかけ、200℃のオーブンで 10 分焼く。

---

words and phrases

□bring ～ to a boil「～を沸騰させる」
□less than you normally would「通常よりも少なく」
□al dente「アルデンテ」 □mixing bowl「ボウル」 □beaten egg「溶き卵」
□You can't go wrong with ～「～を選択すれば間違いはない」
□heavy whipping cream「生クリーム」
□preferred viscosity「お好みの固さ」 ※ viscosity「粘度、粘着性」
□runny「水っぽい」 □reduce「(スープなどが) 煮詰まる」 □transfer「移す」
□signature「特徴のある」 □top ～ with …「～に…をのせる」
□mac and cheese [＝macaroni and cheese]「マカロニ＆チーズ」
□gooey「ドロドロした、ベタつく」

（友人同士の会話）

★ : I'm making macaroni and cheese tonight.

今夜はマカロニ＆チーズを作るよ。

☆ : Again? Let's **spice** it **up** this time.

また？　今回はちょっとアレンジしようよ！

★ : Of course. There are thousands of recipes online. Let's take a look...

もちろん。ネットで何千ものレシピがあるんだから。見てみようよ。

☆ : How about this one? Mexican mac and cheese. We have **Monterey Jack cheese** in the **fridge**.

これはどう？　メキシコ風マカロニ＆チーズ。冷蔵庫にモントレージャックチーズがあるよ。

★ : **Terrific**. And I think we have some Cheddar, too.

いいね。それにチェダーチーズもあったはず。

☆ : You know, if we have some **Camembert cheese**, we can make French mac and cheese. If we have **mozzarella**, we can make it Italian style. If we have…

もしカマンベールチーズがあれば、フランス風マカロニ＆チーズにできるね。モッツァレラチーズがあれば、イタリアン風にできるね。もし…

★ : Okay, okay. I get it. I don't think they'd work as well as what we already have here. Gosh! We have **a whole block of** Cheddar cheese.

OK、OK。わかったよ。でも、すでにここにある材料よりうまくいくとは思わないけど。うわ！チェダーチーズのかたまりが丸ごと1個あるけど。

☆ : That's okay. We can make it as usual, add some Monterey Jack on top, and then bake it. That'd be different.

わかった。いつも通り作って、上からさらにモントレージャックを追加して、それから焼けばいいね。それだと違うものになる。

★ : Do we have any <u>jalapeño peppers</u>? They'd make it even spicier.

ハラペーニョはあるかな？　それでもっとスパイシーになる。

☆ : No, but we do have some hot, dried red pepper flakes. Should I make them smaller in the food processor?

ないよ、でも辛口の乾燥赤唐辛子フレークならあるけど。フードプロセッサーでもっと小さくしたほうがいい？

★ : Nah. This isn't a restaurant! We can buy jalapeño peppers and make a fully Mexican mac and cheese next time.

いや。ここはレストランじゃないんだ！　ハラペーニョは
今度買って完全なメキシコ風マカロニ＆チーズを作ろう。

words and phrases

□spice up ~ 「~にひと味添える」　□Monterey Jack cheese 「モントレージャックチーズ」
□fridge [＝refrigerator] 「冷蔵庫」　□terrific 「素晴らしい」
□Camembert cheese 「カマンベールチーズ」　□mozzarella 「モッツァレラチーズ」
□a whole block of ~ 「ひとかたまりの~」　□jalapeño peppers 「ハラペーニョ」

6 Cornbread／コーンブレッド

❖ Ingredients (for 9-inch skillet)

 Track 33

- **1 cup yellow cornmeal** (A **kernel** of corn can be made into a **fine**, medium, or **coarse** **grind**. They're called **corn flour**, corn meal, and **corn grits**, **respectively**. Coarsely-ground cornmeal provides a so-called "slow **starch**" that many people prefer because it **lessens the spike** in **blood sugar**. **Health benefits aside**, try this recipe with all three types to see which one you like best.)
- **1 cup all-purpose flour**
- **2 teaspoons baking powder**
- **1 1/2 teaspoons salt**
- **1/3 cup brown sugar** (There are many ways to sweeten your **culinary** creations, from honey to Stevia. Each has different cooking **properties** and a unique **nutritional profile**. Most recipes **call for** sugar, but this recipe should use brown sugar. This is part of the old-fashioned approach. What's more, brown sugar has higher calcium, iron, and **potassium** contents.)
- **1 1/4 cups whole milk or buttermilk**
- **1 large egg (room temperature)**
- **3 tablespoons of melted, unsalted butter**
- **5 tablespoons of melted, unsalted butter (for a pan or cast-iron skillet)**

words and phrases

□ kernel「穀粒」 □ fine「細かい」 □ coarse「粗い」 □ grind「(穀物の) ひき具合」
□ corn flour「コーンフラワー」 □ corn grits「コーングリッツ」
□ respectively「それぞれ」 □ starch「でんぷん」
□ lessen the spike「上昇を低める」※ spike「急上昇」 □ blood sugar「血糖」
□ health benefits「健康的なメリット」 □ aside「〜は別にして」 □ culinary「料理の」
□ property「特性、性質」 □ nutritional profile「栄養的側面」
□ call for 〜「〜を必要とする」 □ potassium「カリウム」
□ cast-iron skillet「鋳鉄製のフライパン」

134

コーンブレッドは発酵なしで手軽に焼けるので、朝食やスイーツとしても人気があります。その手間のいらない調理法のおかげで、私もロサンゼルスに住んでいたときは朝に頻繁に作っていました。ほんのりと甘く素朴な味はどこか懐かしく、生まれて初めて食べたときの感激を今でも覚えています。余ったら冷凍保存可能ですが、焼きたてはとてもおいしくて（たいていは余ることはなく）ついつい全部食べてしまいます！　ここでは「どこか懐かしい味」「発酵いらず」「粒のスイートコーン」や、「こすり取る」「たまらないおいしさ！（これに限る！）」といった表現をチェックしましょう。

✤材料（9インチのフライパン用）

- **コーンミール　1 カップ**（とうもろこしの粒は細びき、中びき、粗びきにひかれ、それぞれコーンフラワー、コーンミール、コーングリッツと呼ばれます。粗びきのコーンミールはいわゆる「スロースターチ」と呼ばれるもので、血糖値の上昇を抑えるため多くの人が好みます。健康上の利点はさておき、このレシピを 3 種類すべてのコーンミールで作って、どれが一番好きか確かめてみましょう）

- **中力粉　1 カップ**

- **ベーキングパウダー　小さじ 2**

- **塩 小さじ　1 1/2**

- **ブラウンシュガー　1/3 カップ**（甘みをつける方法はハチミツからステビアまで、さまざまなものがありますが、それぞれに調理上の特性があり栄養価も異なります。ほとんどのレシピで砂糖を使いますが、このレシピではブラウンシュガーを使います。これは昔ながらの手法の 1 つです。その上、ブラウンシュガーはカルシウム、鉄、カリウムの含有量が高いです）

- **全乳またはバターミルク　1 1/4 カップ**

- **卵（大）　1 個（室温で置いたもの）**

- **溶かした無塩バター　大さじ 3**

- **溶かした無塩バター　大さじ 5（フライパンまたは鋳鉄製フライパン用）**

❶ Preheat the oven to **425°F** and place a **9-inch** cast-iron skillet inside to heat while you make the **batter**.

オーブンを華氏 425 度（摂氏 218 度）に予熱し、生地を作っている間に、9 インチの鋳鉄製フライパンをオーブンの中に入れて温めておく。

❷ In a medium mixing bowl, combine all of the dry ingredients: cornmeal, all-purpose flour, baking powder, sugar and **give it a good mix**. Once it's well combined, whisk in the egg, melted butter, and milk until everything is well mixed. It's very important to mix the batter as **evenly** as possible. If your batter is too thick, add more milk until you reach the consistency that allows it to spread on its own when poured into the skillet.

中くらいのボウルに、コーンミール、小麦粉、ベーキングパウダー、砂糖のドライ系（粉末系）材料をすべて入れ、よく混ぜ合わせる。よく混ざったら、卵、溶かしバター、牛乳を入れ、泡立て器で全体がよく混ざるまで混ぜる。生地をできるだけ均一に混ぜ合わせることがとても重要。生地が濃すぎる場合は、フライパンに注いだときに勝手に広がるような固さになるまで牛乳を足す。

❸ Carefully remove the hot skillet from the oven. Reduce the oven temperature to **400°F**. Place 5 tablespoons of butter in the preheated cast-iron skillet. Pour all of your batter in the skillet, **scraping out** all the **contents** of your mixing bowl.

オーブンから、熱くなっているフライパンを慎重に取り出す。オーブンの温度を華氏 400 度（摂氏 204 度）に下げる。予熱したフライパンにバター大さじ 5 杯を入れて、ボウルの中身をすべてこすり取りながら、生地を全部流し入れる。

❹ Bake it in the preheated oven at 400°F for about 20 minutes, until the top is a deep golden brown and a toothpick inserted into the center comes out clean. **Serve hot**. The **crisp** golden **crust** and moist, **fluffy** center really **can't be beat**!

華氏 400 度（摂氏 204 度）に予熱したオーブンで、表面がきつね色になり、つまようじを刺して何もつかない状態になるまで 20 分ほど焼く。熱々のうちにいただく。黄金色でサクサクの外側と、しっとりふわふわの真ん中がたまらない！

❺ You can make the cornbread gluten-free by simply **<u>swapping out</u>** the all-purpose flour for a gluten-free **<u>baking blend</u>**. It can still **<u>come out</u>** amazing.

小麦粉をグルテンフリーのベーキングミックスに替えるだけで、コーンブレッドをグルテンフリーにできる。それでもおいしい出来上がりになる。

words and phrases

□425°F [＝425 degrees Fahrenheit]「華氏 425 度（摂氏 218 度）」 ※華氏と摂氏については p. 29 を参照。
□9-inch「9 インチ（約 23 センチ）」
□batter「生地」 □give it a good mix「それをよく混ぜる」
□evenly「むらなく、均等に」 ※ evenly spread the cream cheese「クリームチーズをむらなく塗る」 □400°F [＝400 degrees Fahrenheit]「華氏 400 度（摂氏 204 度）」
□scrape out「こすり取る」 □contents「中身」
□serve hot「（食べ物を）熱いうちに出す」 □crisp「サクサクの、カリッと揚がった」
□crust「パンの耳、パイの皮」 □fluffy「ふわふわの」
□can't be beat「～にかなうものはない」 ※ beat「勝つ」
□swap out ～「～を交換する」 □baking blend「調整粉、ベーキングミックス」
□come out ～「～という結果になる、現れる」

⑥ コーンブレッド

137

（友人同士の会話）

☆ : This cornbread is so great with coffee! It has the **ideal** amount of sweetness that makes me so happy in the morning.

このコーンブレッドはコーヒーにとても合うね！　この適度な甘さが、朝から幸せな気分にさせてくれる。

★ : Yup. I knew you would love it, because you liked corn dogs. I was surprised to learn that a corn dog is called an "American dog" in Japan. That yellow dough is made of cornmeal, the ingredient in this cornbread.

うん。君はコーンドッグが好きだから、きっと気に入ると思ってたよ。コーンドッグが日本では「アメリカンドッグ」と呼ばれていることを知って驚いたけどね。あの黄色い生地はコーンミールでできているんだ。コーンブレッドの材料だよ。

☆ : **To say the least**… I like cornbread much better than doughnuts! It has a **nostalgic** taste, somehow. The more you eat it, the more you **feel attached to** its texture. I love the simple taste of the cornbread as it is, with nothing added.

はっきり言って、ドーナツよりコーンブレッドのほうが好き！　どこか懐かしい味がする。食べれば食べるほど、その食感に愛着が湧いてくる。何も加えない、コーンブレッドそのままのシンプルな味が好き。

★ : Cornbread bakes quickly without **fermentation**, so it's perfect for busy mornings. It's popular not only as a sweet treat with coffee, but also as a meal with bacon and eggs. Cornmeal is used as an ingredient, but you can also use **coarsely-ground** corn grits or **finely-ground** corn flour. If you prefer a lighter, fluffier texture, try using light corn flour.

コーンブレッドは発酵させずにすぐに焼けるから、忙しい朝にもぴったりだね。コーヒーと一緒に食べるスイーツとしてだけでなく、ベーコンや卵と一緒に食べる食事としても親しまれているよ。材料にはコーンミールを使うんだけど、（とうもろこしの粉の）粗びきのコーングリッツや、細びきの

コーンフラワーを使ってもいい。もっと軽くてふんわりとした食感が好きだったら、軽い食感のコーンフラワーを使うといいよ。

☆ : What should I do if I can't eat it all at once?

一度に食べきれない場合はどうしたらいいの?

★ : You can wrap each slice in a **plastic wrap** and freeze it. When cornbread cools, it becomes harder than bread made with flour, so the best way to eat cornbread is to take it out of the oven as soon as it's done baking, and enjoy it while it's hot.

ひと切れずつラップに包んで冷凍するといいよ。コーンブレッドは冷めると小麦粉で作ったパンより固くなるので、焼き上がったらすぐにオーブンから出して、熱いうちに食べるのが一番おいしい食べ方さ。

☆ : Why don't we try adding **canned whole kernel sweet corn** next time? The **grainy** texture might be good!

粒のスイートコーンの缶詰を加えてみない?　粒々の食感が楽しいかも。

★ : You know, some people enjoy using coarse cornmeal **precisely** for the color and texture of the corn. It's the **down-home**, old-fashioned way.

まさに、とうもろこしの色味と食感を求めて粗びきのコーンミールを使うことを楽しむ人もいるよ。素朴な昔ながらの方法さ。

⑥ コーンブレッド

---

words and phrases

□ideal「理想的な」　□To say the least「控えめに言っても」

□nostalgic「懐かしい」　□feel attached to 〜「〜に愛着を感じる」

□fermentation「発酵」　□coarsely-ground「粗びきの」

□finely-ground「細びきの」　□plastic wrap「ラップ」

□canned「缶詰の」　□whole kernel sweet corn「(とうもろこしの粒がそのまま残ったタイプの) スイートコーン」

□grainy「粒状の」　□precisely「まさに」　□down-home「素朴な、気取らない」

7 Pasta with Seafood and Tomato Sauce／シーフードパスタ

1
絵でわかる
調理器具やキッチン用品の英語

2
英語レシピに頻出の表現

3
海外の料理のレシピに
英語で挑戦

4
海外で人気の和食レシピを
英語で説明してみよう

❖ Ingredients (4 servings)   🔘 Track **36**

- **12 oz** spaghetti (or other long pasta of choice)
- **5 tablespoons olive oil**
- **20 oz** frozen seafood mix or 250 grams of peeled shrimp, 250 grams of scallops, 20 count of clams (A 750-gram bag of cooked, frozen seafood mix is often available at your local supermarket. Prices **fluctuate** greatly depending on the type and quality of the seafood.)
- **1 onion, finely chopped**
- **4 cups tomato purée**
- **1 cup white wine**
- **4 garlic cloves, minced**
- **1 teaspoon sugar**
- **Kosher salt** (Why? The **granular** size has the effect of **drawing out moisture** from the other ingredients, and enhancing the flavor while being less salty. By the way, here's a fun fact! People used to be paid a salary in salt; in fact, the first three letters of salary come from the first three letters of salt.)
- **freshly ground black pepper** (But normal pepper from the store works just fine.)
- **4 tablespoons finely chopped fresh parsley**
- **1 cup of freshly grated Parmesan, plus more for the table.** (In general, whenever flavoring can be left to a decision at the table, choose that option.)
- **1/4 cup of freshly chopped parsley as a garnish**
- **juice of 1/2 lemon**

パスタはお腹がすいたときに、トマトソースさえあれば冷蔵庫の具材を適当に入れて簡単に作ることができる便利な食事です。特に英語圏に行くと日本よりはるかに種類も多く、さまざまな具材の入ったパスタソースが瓶詰めで売られています。シーフードは冷凍のものを使えば下処理の手間もかからず、まとまった量も作りやすいので、海外在住時のおもてなし料理にもおすすめです。ここでは「片面ずつ焼く」「半透明になるまで」「香ばしい匂いが漂う」や「コツをつかむ」「時短のコツ」といった表現をチェックしましょう。

✥材料（4人分）

◎ スパゲッティ（またはお好みのロングパスタ）　12 オンス（約 340 グラム）

◎ オリーブオイル　大さじ 5

◎ 冷凍シーフードミックス　20 オンス（約 570 グラム）または、むきエビ 250 グラム、ホタテ 250 グラム、アサリ 20 個（750 グラム入り調理済み冷凍シーフードミックスは、たいてい近所のスーパーで売られています。値段は魚介類の種類や質によって大きく変動します）

◎ タマネギ　1 個（みじん切り）

◎ トマトピューレ　4 カップ

◎ 白ワイン　1 カップ

◎ ニンニク　4 片（みじん切り）

◎ 砂糖　小さじ 1

◎ コーシャーソルト（理由？　それは、粒状の塩は他の材料から水分を引き出す効果があり、塩辛くし過ぎずに旨味を強めるため。ところで面白い話を！　人はかつて塩で給料の支払いを受けていたので、給料［salary］の最初の 3 文字は塩［salt］の最初の 3 文字から来ています）

◎ ひきたての黒こしょう（でも、お店で売っている普通のこしょうでも大丈夫）

◎ みじん切りした新鮮なパセリ　大さじ 4 杯

◎ 削りたてのパルメザンチーズ　1 カップ。食卓用にも使うので多めに用意する。（一般的に、食べる間際に食卓で味つけを足せる場合は、そのようにします）

◎ 新鮮なパセリのみじん切り　1/4 カップ（飾り用）

◎ レモン汁　1/2 個分

□ 12 oz「12 オンス（約 340 グラム）」 □ 20 oz「20 オンス（約 570 グラム）」（→ p. 27）

□ scallop「貝柱」 □ count「総数」 □ clam「アサリ」 □ fluctuate「変動する」

□ garlic clove「ニンニク 1 片」 □ Kosher salt「コーシャーソルト」

□ granular「粒状の、ザラザラした」 □ draw out moisture「水分を引き出す」

□ grated「すりおろした」 □ garnish「付け合わせ」

✥ Step-by-step instructions (レシピ) 🔘 Track **37**

❶ In a large pot of salted boiling water, cook spaghetti according to package directions until it's al dente. It will receive more heat later in the **prep**, so do not overcook it **at this early stage**! Reserve 1 mug of pasta water, then drain the pasta.

大きな鍋に塩を入れたお湯を沸かし、スパゲッティをパッケージの表示通りにアルデンテになるまで茹でる。調理準備でさらに火が通るので、この時点で茹で過ぎないように注意する。茹で汁をマグカップ 1 杯分取っておき、パスタの湯を切る。

❷ Pour 2 1/2 tablespoons of olive oil into a large skillet over high heat. Add shrimp and scallops, and season with salt and pepper. Cook for 2 minutes **per side**, before transferring it all to a plate. Scallops may take a little longer to cook than shrimp, so add the scallops first **followed by** the shrimp. Until you **get the hang of** it, use toothpicks to check how things are going in the middle, especially if you use frozen seafood **for convenience**.

大きめのフライパンにオリーブオイル大さじ 2 1/2 杯を入れ強火で加熱する。エビとホタテを入れ、塩こしょうで味を調える。片面を 2 分ずつ焼き、皿に移す。ホタテはエビより少し時間がかかるので、ホタテを先に入れ、その後にエビを入れる。特に冷凍の魚介類を使う場合は、コツをつかむまでは、つまようじで (中まで火が通っているか) 確認する。

❸ Reduce heat to medium high. Pour the **remaining** olive oil into your skillet, and add the garlic and the onion. Cook until the onion is **translucent**. This may take 3 or 4 minutes and will **infuse** your kitchen **with** a **delectable** aroma.

火を中火に落とす。残りのオリーブオイルをフライパンに入れ、ニンニクとタマネギを加える。タマネギが半透明になるまで加熱する。3 ～ 4 分ほどで、台所に香ばしい香りが漂うようになる。

⑦ シーフードパスタ

❹ Add wine to the garlic-onion mix in the skillet, and bring to simmer until the alcohol has **evaporated**. You can **scrape** the bottom of the pan to mix any browned garlic and onion into the wine. Add tomato purée, sugar, Kosher salt, black pepper, and cook for 3 minutes. Adjust salt and pepper **to taste**.

ニンニクとタマネギの入ったフライパンにワインを加え、アルコールが蒸発するまで煮詰める。フライパンの底をこすって、茶色くなったニンニクとタマネギをワインに混ぜる。トマトピューレ、砂糖、コーシャーソルト、黒こしょうを加え、3分ほど煮込む。塩とこしょうをお好みで足す。

❺ Add your seafood and 1 cup of the reserved pasta **cooking water** into the sauce. You can **squeeze** lemon juice. **That aside**, a good **time-saving trick** is to buy **ready-made** **marinara sauce**. Use it as a base, and **jazz** it **up** with your other ingredients.

シーフードと、パスタの茹で汁1カップをソースに加える。レモン汁をしぼってもよい。それはさておき、もし時短にするなら、調理済みのマリナラソースを買い、それをベースにして他の食材でアレンジするのもコツ。

❻ Add your cooked spaghetti and toss it all in until it's **fully coated**. Garnish with parsley and serve with Parmesan cheese.

茹でたスパゲッティを加え、全体が絡むまで混ぜる。パセリを盛り付け、パルメザンチーズを添えてできあがり。

words and phrases

□prep［＝preparation］「準備」　□at this early stage「この早い段階で」
□per side「片面につき」　※ per「〜につき、〜ごとに」　例：250 calories per pancake
「ホットケーキ 1 枚で 250 カロリー」　□followed by 〜「後に〜が続く」
□get the hang of 〜「〜のコツをつかむ」　※ I'm getting the hang of it.「だんだんコツが
つかめてきた」は会話でよく使う重要表現！
□for convenience「便宜上」　□remaining「残っている、残りの」
□translucent「半透明の」　※ transparent「透明な」も覚えておこう！
□infuse 〜 with …「〜に…を吹き込む、〜を…で満たす」
□delectable「おいしい、おいしそうな」　□evaporate「蒸発する」
□scrape「こそげ取る」　□to taste「好みに合わせて」
□cooking water「茹で汁、煮汁」　※ cooking liquid ともいう。　□squeeze「しぼる」
□That aside「それはさておき」
□time-saving trick「時間節約のコツ（技）」　※ time-saving「時短の」
□ready-made「調理済みの」　※ ready-made chicken stock「調理済みのチキンスープの
素」
□marinara sauce「マリナラソース」　※トマトソースの一種でピザやパスタに使用される。
□jazz up 〜「〜の風味を豊かにする、魅力的にする」
□fully coated「完全に（ソースが）行き渡った」

⑦
シーフードパスタ

145

（友人同士の会話）

☆ : I'm planning on making seafood spaghetti for my friend next week. Can I put frozen seafood mix straight into the pot?

来週、友人にシーフードスパゲッティを作ろうと思ってるんだ。冷凍のシーフードミックスってそのまま鍋に入れてもいいのかな？

★ : The answer is no. You must **defrost** it before using it. The reason is that the seafood mix is covered with a film of ice called a glaze. Glaze is a **protective layer of water** added to the surface of frozen seafood. Generally, frozen seafood is coated with drinking water to prevent it from coming into contact with air, and this process creates the glaze.

答えはノーだよ。使う前に解凍する必要がある。シーフードミックスはグレーズと呼ばれる氷の膜で覆われているからなんだ。グレーズとは冷凍魚介類の表面につけられた水の保護膜のこと。一般的に冷凍のシーフードは、空気に触れないように飲料水でコーティングされていて、この工程でグレーズができる。

☆ : So, how do I defrost the seafood mix **properly**?

では、シーフードミックスの正しい解凍方法は？

★ : You can simply **soak** it in 3% saltwater and leave it at room temperature for 30 to 60 minutes. By the way, that's the same **concentration** as seawater. **The rule of thumb** for saltwater is 6 g (about 1 teaspoon) of salt per 1 cup (200 ml) of water. The seafood mix is done when it doesn't have any hard parts when lightly **pinched**. This soaking is the same way we remove sand from clams. Soaking it in saltwater prevents water from **leaking out** and preserves the **plump** textures and original flavors of the seafood. To prevent **odor**, **drain off** the water, and **pat dry** the excess on the seafood mix with a **paper towel** before cooking.

3%の塩水に浸けて、30 〜 60 分ほど常温で置くだけでいいよ。ちなみにこれは海水と同じ濃度だ。おおまかには塩水の目安は、水 1 カップ（200ml）に対して塩 6g（小さじ 1 程度）ね。シーフードミックスは軽くつまんだときに固い部分がなくなっていたら OK。このように水にひたすのはアサリの砂抜きと同じ方法だよ。塩水にひたすことで水分の流出を防ぎ、プリプリとした食感やシーフード本来の味を保つことができる。臭みを防ぐために、水気を切って、シーフードミックスについた余分な水分をキッチンペーパーで拭き取ってから調理してね。

☆ : Why do you **go through** all this work?

どうしてこんな手間をかけるの？

★ : Well, with **a little effort**, you can preserve the natural flavor of the seafood! It's less **soggy**, too. You should definitely give it a try!

まあ、ちょっとひと手間をかけるだけでシーフード本来の味を保てるからね！　水っぽくもならないし。ぜひ試してみて！

⑦シーフードパスタ

---

words and phrases

□defrost「解凍する」　□protective「保護の」　□layer of water「水の膜」

□properly「適切に」　□soak「ひたす」　□concentration「濃度」

□the rule of thumb「おおまかなやり方」　□pinch「つまむ」

□leak out「流れ出る」　□plump「ぷりぷりした」　□odor「臭み」

□drain off「（水気）を切る」　□pat dry「軽くたたいて水気を切る」

□paper towel「キッチンペーパー」　□go through 〜「〜を経験する」

□a little effort「ひと手間」　□soggy「ぐにゃっとした、水っぽい」

生地のお話

レシピでは「生地」や「混ざったもの」を表す単語がいくつか出てきます。それぞれの違いを見ていきましょう。

まず、**dough** は小麦粉をこねたもので、クッキーやパン、ピザの生地のように、こねて成形できる生地のことを指します。dough 1 語で「パン生地」を表すこともあります。

それに対して **batter** は小麦粉に水や卵などを混ぜた、ポタポタと落ちる液状のものを指します。天ぷらやフライといった「揚げ物の生地」がその良い例です。tempura batter「天ぷら衣」や batter-fried shrimp「衣をつけて揚げたエビ」のように使います。

他には muffin mixture「マフィンの生地」のように使われる **mixture** があります。mixture はフライパンやオーブンで焼くといった調理工程の前の、ボウルなどの容器に入った「複数の材料が混ぜ合わさったもの」で、brownie mixture「ブラウニーの生地」、egg mixture「卵液」のように使われます。混ざった状態の mixture を、例えば餃子の皮に包む工程に進んでいく場合には **filling**「詰めもの」になります。

同じような単語に **mix** がありますが、こちらはすぐに調理ができるようにあらかじめ材料が合わさったものに使います。pancake mix や custard mix などが良い例です。アメリカやイギリスでは、さっと手軽に作れるこのようなミックス系が充実していて、私のアメリカ人の親友も休みの日には、cookie mix に卵と牛乳を入れて混ぜて焼くだけで簡単にできるチョコチップクッキーを作ってくれました。粉を量る手間が省けるので、気軽に焼きたてのクッキーを楽しめて便利です。ちなみに、さらに手間が省ける frozen cookie dough（冷凍のクッキー生地）もあります。こちらは成形済みのタイプだと生地をシンプルに冷凍のまま天板に置いて焼くだけです。気軽さもうれしいですが、一番はお菓子が焼けるいい匂いがとびきり幸せな気持ちにさせてくれることです。でも甘いので食べる量には気をつけたいですね。

8 Chocolate Chip Muffin
／チョコチップマフィン

✛Ingredients (<u>yields</u> 12 muffins)　　　　　　Track **39**

- **1 1/2 cups all-purpose flour**
- **1/2 cup <u>refined</u> white sugar (<u>Granulated sugar</u>** works, too.)
- **1/2 teaspoon salt**
- **1 cup chocolate chips** (Go for the **<u>semi-sweet</u>** type if you're careful about your **<u>sugar intake</u>**.)
- **1 1/2 teaspoons <u>baking soda</u> (<u>Sodium bicarbonate</u>** is a must in every kitchen. It has so many uses! For your muffins, about 1 teaspoon is enough as a **<u>leavening agent</u>**. You can achieve an **<u>astonishing</u>** muffin top with your baking technique.)
- **2 large eggs**
- **1 cup plain yogurt** (You can get the low-sugar kind. The benefit of yogurt is moisture. These muffins are super **<u>moist</u>** and **<u>chocolatey</u>**!)
- **1/4 cup whole milk**
- **1/4 cup <u>vegetable oil</u>**
- **1 teaspoon vanilla extract**

words and phrases

□ yield「生む、もたらす」　※レシピで「〜個できる」の意味で使われる。
□ refined「精製された」　□ granulated sugar「グラニュー糖」
□ semi-sweet「甘さを抑えた」　□ sugar intake「糖分の摂取量」
□ baking soda「重曹」　□ sodium bicarbonate「炭酸水素ナトリウム（重曹）」
□ leavening agent「膨張剤」　□ astonishing「驚くべき」　□ moist「しっとりした」
□ chocolatey「チョコレートの風味が豊かな」　□ vegetable oil「サラダ油」

甘いマフィンは食後のデザートや小腹がすいたときのおやつとして人気があります が、コーヒーとの相性がバツグンなので朝食としても親しまれていますね。 バナナやブルーベリー、ナッツなど多彩な具材を入れて焼くのも楽しいものです が、ここでは定番のチョコチップマフィンを紹介します。「しっとりする」「だま （粉のかたまり）」「ベチャベチャになる」や、「真ん中に刺したつまようじに何も つかなくなるまで焼く」といったお決まりの表現をチェックしましょう。

❖**材料（マフィン12個分）**

- **小麦粉　1 1/2 カップ**
- **精白糖　1/2 カップ**（グラニュー糖でも可）
- **塩　小さじ 1/2**
- **チョコレートチップ　1 カップ**（糖分の摂取量が気になる場合は、甘さ控えめ タイプを使いましょう）
- **重曹　小さじ 1 1/2**（炭酸水素ナトリウムはどの台所にもある必需品で、たく さんの使い道があります。マフィンの場合、膨張剤としては約小さじ 1 杯で十 分です。焼き方次第で驚くほどマフィン上部が膨らみます）
- **卵（大）　2 個**
- **プレーンヨーグルト　1 カップ**（低糖のもので OK。ヨーグルトの利点は水分 です。このマフィンは超しっとりでチョコレートの風味たっぷりです！）
- **全乳　1/4 カップ**
- **サラダ油　1/4 カップ**
- **バニラエッセンス　小さじ 1**

❶ Preheat your oven to 225°C. Put a **metal baking sheet** in the oven to heat up. Why? Because your muffin tray will sit directly on top of it. This drives the moisture up from the bottom to make beautiful **domed muffin tops**.

オーブンを 225°Cに予熱しておく。金属製の天板をオーブンに入れ、加熱する。理由？　それはマフィンのトレイがその上に直接のるから。こうすることで下から水分を押し上げ、見事なドーム型のマフィンができる。

❷ First, let's mix **dry ingredients** in a bowl. Combine your flour, sugar, salt, and baking soda.

まず、ボウルにドライ系（粉末系）の材料を混ぜる。小麦粉、砂糖、塩、ベーキングソーダを混ぜ合わせる。

❸ Next, mix **wet ingredients**. In another bowl, crack the eggs and whisk until it's **frothy**. Pour in your yogurt, milk, vegetable oil, and vanilla extract and give it all a good mix.

次に、液体系の材料を混ぜる。別のボウルに卵を割り入れ、泡状になるまで泡立てる。ヨーグルト、牛乳、植物油、バニラエッセンスを入れ、全体をよく混ぜ合わせる。

❹ Now, combine the contents of your wet and dry bowls. If one of your bowls isn't big enough to handle both, use a third bowl. Once you've added the wet ingredients to the dry, don't **overmix**. A few **lumps** are fine!

ここで、液体系とドライ系とを合体させる。もしどちらかのボウルが、両方の材料が入るほど大きくないのであれば、3つ目のボウルを使う。液体系の材料をドライ系の材料に加えたら、混ぜ過ぎないように。多少のだまは問題なし。

❺ Gently stir in the chocolate chips once everything is combined. They should be **distributed** evenly **throughout**.

全体が混ざったらチョコレートチップをゆっくりと入れる。全体にまんべんなく行き渡るようにする。

❻ Lightly **grease** your muffin tray. A spray is the best way to grease the entire surface area for easy removal of the muffins.

マフィントレイに軽く油を塗る。スプレーを使うと表面全体に油を塗ることができてマフィンを取り出しやすい。

❼ **Portion** the batter into the 12 muffin cups evenly, but not full. Leave 5 mm empty for **expansion**. Add more chocolate chips on top.

12 個のマフィンカップに、まんべんなく生地を入れる。膨らむので 5mm ほど空けておく。上からさらにチョコチップをのせる。

❽ Slide the muffin tray onto the flat tray in your oven. The **blast of heat** from the bottom will steam the insides of your muffins and make attractive domes. When the domes **form**, lower the heat to 180°C and bake for 20 minutes, or until a toothpick **inserted in the center** **comes out clean**.

オーブンの平らなトレイの上にマフィントレイを滑らせる。底面からの熱でマフィンの内側に蒸気が加わり、きれいなドーム型になる。ドームができたら、180℃に下げ、20 分または中心に刺したつまようじに何もつかなくなるまで焼く。

words and phrases

□metal baking sheet「金属の天板」
□domed muffin top「ドーム型のマフィンの上部」
□dry ingredients「ドライ系（粉末系）の材料」（小麦粉やベーキングパウダーなど）
□wet ingredients「液体系の材料」
□frothy「泡状の、泡の多い」　※ become frothy「泡立ってくる」、frothy milk「スチームミルクの泡」も覚えておこう。
□overmix「混ぜ過ぎる」
□lump「だま（粉のかたまり）」　※他に角砂糖の意味もある。例：2 lumps of sugar「角砂糖 2 個」　□distribute「広げる、分布させる」
□throughout「至るところに、隅から隅まで」　□grease「油を引く」
□portion「分ける、分配する」　□expansion「膨張」　□blast of heat「熱い風」
□form「形成する」　□insert in the center「中心部に挿入する」
□come out clean「きれいな状態で出る」　※「マフィンがくっついてこない」という意味。

（友人同士の会話）

☆ : What are we having for dessert?

デザートは何にする？

★ : Chocolate muffins. Mine are **rich and moist**. I've never made them for you. I haven't baked some in a long time.

チョコレートマフィンだよ。僕が作るのは濃厚でしっとりしているよ。君には作ってあげたことがないね。長い間作っていないよ。

☆ : And you still remember how?

まだ作り方を覚えてる？

★ : Oh, sure. They're super easy to make. Dry things in one bowl and wet things in another. It's simple. Don't you know how?

ああ、もちろん。作り方は超簡単。１つのボウルにドライ系（粉末系）の材料、もう１つのボウルに液体系。シンプルだ。君は作り方を知らないの？

☆ : Yes, I think so, but I'd rather eat your muffins.

知ってるよ。でもあなたのマフィンを食べたいな。

★ : You will! We will after our spaghetti meal. Coffee and something sweet will really **cap off the meal**, and we'll have extra for lunch tomorrow.

今日食べるよ！　２人ともね、スパゲッティを食べた後に。コーヒーと甘いもので食事を締めくくろう。そして明日のランチに残りを食べようね。

☆ : Sounds great. Is this your original recipe?

いいね。これはあなたのオリジナルレシピ？

★ : No, my mom taught me when I was a kid. She showed me a trick that's not in many recipes: yogurt. Yogurt is better than milk because it helps muffins **maintain their moisture** in the oven. The two things she taught me were to control the sweetness and the moisture.

いや、子どもの頃に母が教えてくれたよ。母は多くのレシピにはないコツ、つまりヨーグルトを入れることを教えてくれた。ヨーグルトは牛乳を入れるよりもいいんだ。なぜかというと、ヨーグルトはオーブンの中でマフィンが水分を維持するのを助けてくれるから。母が教えてくれたのは、甘さをコントロールすることと水分をコントロールすることの 2 つだよ。

☆ : What?! What do you mean?

え !?　どういうこと ?

★ : Well, a lot of these ingredients already have sugar in them, so that means I have to add less white sugar. We have to **keep an eye on** that. Muffins can get **soggy**, so we have to manage that, as well.

レシピの多くの材料にはすでに糖分が入っているよね。つまり白砂糖の量を少なくしないと。その点には気をつけないとね。マフィンはベチャベチャになることがあるから、それもうまく対応しないとね。

☆ : How?

どうするの ?

★ : The heat from the bottom, as from a preheated plate, **turns liquids into steam**. This **aerates** the muffin, making it bigger, **airier**, and less soggy.

下からの熱、つまり予熱した天板の熱だけど、それは液体を蒸気に変える。これによってマフィンは空気を含み、大きくなってふわふわになり、ベタベタにならないんだ。

☆ : Your mom is very smart.

あなたのお母さんはとても賢いのね。

★ : **Don't I know it?!**

全くその通りだよ !?

words and phrases

□rich and moist「濃厚でしっとりした」

□cap off the meal「食事を締めくくる」　※ cap off the dinner with delectable desserts such as crème brûlée「クリームブリュレのようなおいしいデザートで夕食を締めくくる」

□maintain one's moisture「しっとり感を維持する」

□keep an eye on 〜「〜に目を光らせる」

□soggy「ふやけた、べとべとした」　※ soggy noodles「ふやけた（麺が伸びてしまった）麺」も覚えておこう！

□turn liquids into steam「水分を蒸気に変える」

□aerate「空気を含ませる、生き生きとさせる」

□airy「軽くてふわふわの」　※ whisk the egg whites until airy「卵白がふわふわになるまで泡立てる」

□Don't I know it?!「そんなこと当然知っているよ、知らないとでも思っているの？」

小麦粉のお話

　海外で小麦粉（flour）を買おうとしてスーパーに行くと、種類が多くて迷います。日本で日常的に使用していた「普通の小麦粉」（すなわち薄力粉）はどれだろうと考えこんでしまうくらいたくさんの種類があります。

　アメリカでは **all-purpose flour** というタイプがあり、文字通り「すべての目的に使える」ものと勘違いをして、これをまず買ってしまう方が多いようですが、all-purpose flour は「中力粉」なので麺類やパンに適しています。イギリスでは小麦粉といえばまず、**plain flour** が最も一般的なようですが、こちらも日本でいうところの「中力粉」なので、名前で判断しないようにしましょう。

　では小麦粉（薄力粉）はどれを買えばいいのかというと、アメリカでは **cake flour** です。名前だけを見るとケーキだけに使うのかと思ってしまいますが、薄力粉なのでクッキーや天ぷらなど基本的な料理に使えます。イギリスの場合は日本の薄力粉（100g あたりのタンパク質量が 8.5% 以下）に相当する小麦粉はないようで、例えば extra fine sponge flour（タンパク質量は約 9g）といった、他の粉よりはタンパク質量がまだ低めの粉で代用することになります。

　パン作りなどに使用する「強力粉」は **bread flour** という名前で売られています。パンに使うので文字通りの意味ですね。イギリスでは **strong flour** という名前です。

　英語のレシピではこの他に、**self-rising flour**（イギリスでは **self-raising flour**）という、あらかじめベーキングパウダーがミックスされているタイプもよく登場します。日本でこの粉が手に入らない場合は、小麦粉（薄力粉）100g に小さじ 1 のベーキングパウダーを加えることで代用が可能です。

⑧ チョコチップマフィン

✦ **Ingredients (6–8 servings)** 🔵 Track **42**

- **1 package of <u>ladyfingers</u>**
- **1 container (<u>8 ounces</u>) of mascarpone** (This is similar to cream cheese. Mascarpone adds a more traditional flavor.)
- **2 cups (<u>lukewarm</u>) regular coffee** (<u>**Brew**</u> some mocha blend for better results. If you know how to brew **slightly** bitter coffee, then **go ahead** and do that. Bitter accents have a nice **interplay** with the sweetness of the other ingredients.)
- **4 tablespoons Kahlua or other coffee liqueur** (Dark rum works, too. This is optional. Reduce sugar a bit if you add liqueur.)
- **1 1/2 cups <u>heavy whipping cream</u>** (Heavy cream can be homemade, and is delicious, but needs hours to prepare. A convenient powdered version is also available for purchase.)
- **1/3 cup <u>granulated sugar</u>** (Regular, granulated sugar involves more **intensive mixing.** This recipe **calls for** an **electric mixer** to **homogenize** the cream.)
- **1 teaspoon vanilla extract**
- **cocoa powder for <u>dusting</u> on top**

---

words and phrases

□ ladyfingers「レディーフィンガー」（指の形をした軽い食感のフィンガービスケット）
□ 8 ounces「8 オンス（約 230g）」
□ lukewarm「生ぬるい」 □ brew「煎じる、茶やコーヒーを（熱湯を注いで）淹れる」
□ slightly「少し」 □ go ahead「工程を進める」 □ interplay「相互作用」
□ heavy whipping cream「ヘビークリーム」 □ granulated sugar「グラニュー糖」
□ intensive mixing「強く混ぜること」 □ call for ～「～を求める」
□ electric mixer「ハンドミキサー」
□ homogenize「（脂肪を乳化して牛乳やクリームを）均質化する」
□ dust「ふりかける」

イタリア生まれのティラミスは英語圏でも人気のデザートです。カステラやスポンジケーキでも作れますが、このレシピで紹介しているフィンガービスケットが一番うまくできるので、通販などで手に入れてください。ガラス製のキャセロールに作ってテーブルに出せば、おしゃれなおもてなしデザートになります。コーヒーにビスケットをひたして仕上げのココアパウダーをふりかけるのも楽しいので、外国人の友だちと英語で作ってみましょう。ここでは「ピンとした角ができるまで」「均一に混ざる」「液にひたす」「隙間ができないようにする」「おいしそうでたまらない」といった表現や、代表的なスイーツの単語をチェックしましょう。

❖材料（6〜8人分）
- レディーフィンガー　1パック
- マスカルポーネ1個（8オンス［約230g］）（クリームチーズに似ていますが、マスカルポーネのほうが伝統的な味になります）
- （ぬるい）レギュラーコーヒー　2カップ（モカブレンドを淹れると、より効果的です。もしコーヒーを少し苦めに淹れる方法を知っていたら、そうしてください。コーヒーの苦みがアクセントとなり、他の甘い材料との絶妙なハーモニーを生みます）
- カルーアなどのコーヒーリキュール　大さじ4（ダークラムでも可。これはお好みで。リキュールを加える場合は砂糖を少し減らしましょう）
- ヘビークリーム　1 1/2カップ（ヘビークリームは自家製でもおいしくできますが、準備に時間がかかります。便利な粉末タイプも市販で手に入ります）
- グラニュー糖　1/3カップ（通常のグラニュー糖は強力に混ぜ合わせる必要があります。このレシピでは、クリームを均質化するためにハンドミキサーを使用します）
- バニラエッセンス　小さじ1
- ココアパウダー（上からふりかける）

❶ In a mixing bowl, add heavy whipping cream, **<u>beat</u>** it on medium speed with an electric mixer. Slowly add the sugar and the vanilla, while monitoring the **<u>consistency</u>**. Once you see the **<u>stiff peaks develop</u>**, it's thick enough. Now, it's ready for the mascarpone cheese. Mix that in until it **<u>evens out</u>** completely.

ボウルに生クリームを入れ、ハンドミキサーで中くらいのスピードで泡立てる。クリームの濃度を見ながら、ゆっくりと砂糖、バニラエッセンスを加える。ピンと角が立ってきたら濃度は十分。ここで、マスカルポーネチーズを加える。マスカルポーネチーズが完全に均等に混ざるまで混ぜる。

❷ In a shallow bowl, pour your coffee and, optionally, liqueur. This should be deep enough to **<u>immerse</u>** the cookies. Cut off a little bit from both ends of each ladyfinger. This helps them **<u>absorb</u>** coffee and create a tight fit in the dish. **<u>You may want to</u>** lay them in the casserole dish to see if they cover the entire bottom. Next, **<u>dunk</u>** them into the coffee. Don't **<u>marinate</u>** them! Two or three seconds are enough; they are quite **<u>porous</u>** and will **<u>fall apart</u>** if left in the liquid too long.

浅いボウルにコーヒーと、お好みでリキュールを注ぐ。ボウルはクッキーがひたるくらいの深さが必要。レディーフィンガーの両端を少し切り落とす。こうすることでコーヒーがしみ込みやすくなり、皿にぴったりと収まるようになる。レディーフィンガーをキャセロールに並べてみて、底全体を覆うかどうかを確認するとよい。次に、コーヒーにひたす。でも浸け込まないように。2～3秒で十分。液体がとても浸透しやすいので、長く浸け過ぎると崩れてしまう。

❸ Now, lay them on the bottom of an **<u>8″×8″</u>** or similar-sized casserole dish. **<u>Leave no gaps</u>**.

縦横8インチ（20センチ）のキャセロールの底に並べる。隙間がないようにする。

❹ **<u>Transfer</u>** some cream from the mixing bowl and spread it on top of the ladyfingers. **<u>Be generous</u>**! A centimeter of depth is **<u>sufficient</u>**. Add more dipped ladyfingers on that, and top it off with the remaining cream. **<u>Smooth</u>** it **<u>out</u>** with a knife.

ボウルからクリームを取り出し、レディーフィンガーの上に塗る。たっぷりと。厚みは1センチほどで十分。その上にさらにコーヒーをひたしたレディーフィンガーをのせ、残りのクリームをのせる。ナイフでなめらかにする。

❺ **Sprinkle** a thin layer of your cocoa powder over the entire top. Cover with **plastic wrap** and **let chill** in the refrigerator for at least 4–6 hours (if you can wait 24 hours, all the better) before slicing or **scooping** to serve.

ココアパウダーを全体に薄くふりかける。ラップで覆い、冷蔵庫で最低4～6時間以上冷やして（24時間待てばなお良い）スライス状に切るか、すくって盛りつける。

words and phrases

□beat「強く混ぜる」 □consistency「濃度、粘度」
□stiff peaks develop「ピンとした角ができる」 ※ stiff「ぴんと張った」、peak「先端、尖った先」 □even out「均一になる」 □immerse「ひたす、沈める」
□absorb「吸収する」 □You may want to ～「～したほうがいい、～するといいでしょう」
※相手に提案するときの決まり文句。覚えておこう。
□dunk「ちょっとつける、ひたす」 □marinate「マリネにする、浸け込む」
□porous「穴が多い、多孔質の」 □fall apart「バラバラになる、崩れる」
□8″×8″ [=8-by-8-inch]「8インチ×8インチ（20cm×20cm）」 ※1インチ＝約2.5センチ
□leave no gaps「隙間ができないようにする」 ※ gap「隙間」
□transfer「移す」 □be generous「寛大になる」 ※この場合は「惜しみなくクリームを広げる」という意味。 □sufficient「十分な」 □smooth out ～「～をむらなく広げる」
□sprinkle「ふりかける」 □plastic wrap「ラップ」 □let chill「冷やす」
□scoop「すくう」

（友人同士の会話）

★ : Iidabashi Station has so many good bakeries around. I've been to this one once.

JR 飯田橋駅の周りにはおいしいケーキ店がたくさんあるね。ここは一度来たことがある。

☆ : It smells good in here! This is a great place to buy sweets since it's so close to our friends' apartment. Mindy and Isaac will appreciate it.

いい匂いがする！　友だちのマンションに近いから、スイーツを買うのに良い店だね。ミンディーとアイザックは感謝してくれるよ。

★ : Let's check out the wall menu… It's in French. Look! That's a **baguette** for ¥350, and a **croissant** for ¥250. I want to buy some bread for breakfast for ourselves.

壁のメニューを見てみよう。フランス語で書かれてるね。見て！　あのバゲットは 350 円で、クロワッサンは 250 円。僕たちの朝ご飯用にいくつかパンを買いたいな。

☆ : I love **millefeuille**. But **éclairs**, **mont blanc**, **gâteau au chocolat**, **Sachertorte**, **macaron**, **crème brûlée**, **chiffon cake**… Oh, **I'm lost!** All of them look **irresistible**!

私ミルフィーユが大好き。でも、エクレア、モンブラン、ガトーショコラ、ザッハトルテ、マカロン、クリームブリュレ、シフォンケーキ、…あー迷っちゃう！　どれも最高においしそう！

★ : Huh? Wait a minute! I thought we came here to buy the tiramisu. It's Mindy and Isaac's favorite. I hate visiting my friends **empty-handed**.

あれ？　ちょっと待って！　ここにはティラミスを買いにきたんだった。ミンディーとアイザックの大好物だから。何も持たずに友だちの家を訪れるのは嫌だね。

☆ : You're right! But I've been working so hard these days, so I want to buy some of these **tantalizing** desserts and **indulge myself**.

ああ、そうだった。でも最近仕事が大変だったから、自分へのご褒美として甘いものを買いたいな。

★ : Sure. Let's stop by here again on the way back home, so we don't have to carry them around. We can buy a mix of your favorite sweets. By the way, **financiers** and **madeleines** are very similar, but what's the difference?

そうだね。帰りにまたここへ寄って、君の好きなスイーツをいろいろミックスして買おう。わざわざ持ち歩かなくて済む。ところで、フィナンシェとマドレーヌってよく似ているけど、一体何が違うの？

☆ : Well, financiers are made of egg whites, **browned butter**, and almond powder, so they have a strong almond flavor. The surface is crispy and the inside is moist. Madeleines are made of **whole eggs**, melted butter, and baking powder, so they're fluffy with a strong **buttery** flavor.

フィナンシェは卵白と焦がしバター、アーモンドパウダーを使っているので、アーモンドの香りが強いの。表面はサクサクして、中はしっとり。マドレーヌは卵や溶かしたバター、ベーキングパウダーを使うから、バターの風味が強くてふんわりしているの。

★ : I see. I like strong coffee, so financiers might be better for my **taste buds**.

そうなんだね。僕は濃いめのコーヒーが好きだから、フィナンシェのほうが合うかも。

⑨ ティラミス

words and phrases

□baguette「バゲット」 □croissant「クロワッサン」 □millefeuille「ミルフィーユ」
□éclair「エクレア」 □mont blanc「モンブラン」 □gâteau au chocolat「ガトーショコラ」
□Sachertorte「ザッハトルテ」 □macaron「マカロン」
□crème brûlée「クリームブリュレ」 □chiffon cake「シフォンケーキ」
□I'm lost.「途方に暮れる、どうすればいいのかわからない」
□irresistible「たまらないほど魅力的な」 □empty-handed「何も持たずに、手ぶらで」
□tantalizing「欲望をそそる、食欲をかき立てる」 □indulge oneself「自分を甘やかす、ご褒美をあげる」 □financier「フィナンシェ」 □madeleine「マドレーヌ」
□browned butter「焦がしバター」 □whole egg「全卵」 □buttery「バターを含んだ」
□taste buds「味覚」

163

豆腐のお話

　最近では健康意識の高まりや日本食ブームによって、海外でも気軽に豆腐が買えるようになりました。豆腐はかつて英語で bean curd と訳されていましたが、今ではそのまま tofu で通じる世界共通語になりました。

　アメリカでもロサンゼルスやニューヨークなどの大都市に行くと、ヘルシー志向な人やベジタリアンが多いこともあって、さまざまな種類の豆腐が売られています。ちょうど日本の「絹ごし豆腐」にあたるのが silken tofu で、なめらかでとてもクリーミーなので、冷奴が食べたいときはこれを選ぶといいでしょう。このタイプはお菓子作りなどにもよく使われます。

　「木綿豆腐」にあたるのは firm tofu です。この firm は「身が締まった、安定した」を意味します。固めの豆腐を hard tofu と言わないところがポイントですね。私のアメリカ人の親友は、麻婆豆腐を作るときはいつもこのタイプを使います。firm tofu はこのように、焼いたり炒めたりするのに適しています。

　この firm tofu よりも一段階やわらかいタイプが medium firm tofu（中くらいの固さの豆腐）です。もし silken tofu がやわらか過ぎると感じる場合は、こちらを冷奴にして食べるのもおすすめです。また、silken tofu よりは崩れにくいので、おみそ汁やスープの具にも適しています。

　この他には super firm tofu や extra firm tofu という非常に固めなタイプも売られています。このタイプは木綿豆腐を水切りしたようなずっしり感があります。豆腐ステーキを作る場合には水切りする手間が省けるため、さっと使えて便利です。ボリュームもあるので、ダイエットメニューとして取り入れるのもよいでしょう。

Chapter

4

海外で人気の和食レシピを
英語で説明して
みよう

ここでは外国で知り合った友人を料理でもてなすときや、
英語で会話しながら一緒に作るときに楽しめるメニューを
厳選しました。料理を通じていっそう親しくなれる
便利な表現もたくさん紹介しています。

10 Okonomiyaki／お好み焼き

Track **45**

✢Ingredients (2 servings)

- 80 grams okonomiyaki flour (**All-purpose flour** works, too.)
- 80 grams **grated** *nagaimo* (This ingredient **makes a huge difference**.)
- 6 thin strips of pork belly
- 2 eggs (Basically, **the rule of thumb** is 1 egg per serving.)
- 300 grams shredded cabbage (One small **head of cabbage** is more than enough.)
- 3 **stalks** thinly sliced green onions
- 2 tablespoons *tenkasu*
- 1 teaspoon dashi powder
- water (for mixing with flour)

(Toppings)

- okonomiyaki sauce
- **Japanese mayonnaise** (It's **tangier**, sweeter, and thicker than regular mayonnaise in other countries.)
- **dried bonito flakes**
- **dried seaweed/***aonori* **flakes**
- **red pickled ginger, as a garnish**

---

words and phrases

□all-purpose flour「中力粉」 ※アメリカでは最も一般的な小麦粉。

□grated「すりおろした」 □make a huge difference「大きな違いを生む」

□the rule of thumb「目安となるルール」

□head of cabbage「キャベツ1個」 ※キャベツを数えるときは head を使う。

□stalk「茎」 ※ネギやアスパラガスのような細長い野菜を数えるときに使う。

□tangy「(香りが際立ち)酸っぱい」

ビジネスや留学で海外へ渡った日本人が外国人の同僚や友人に振る舞う日本料理の中で、最も作りやすく、かつおいしいと喜ばれる人気のメニューがお好み焼きのようです。小麦粉の生地に刻んだキャベツを混ぜて焼くプロセスも楽しい雰囲気を作ります。ここでは「ひっくり返す」「材料が均等に混ざり合う」「軽く押して形を整える」や、「味を引き立てる」「ふわふわの」といった表現をチェックしましょう。

✤材料（2人分）

- **お好み焼き粉　80 グラム**（中力粉でも可）
- **ナガイモのすりおろし　80 グラム**（この材料があるとないとでは大違い）
- **豚バラ肉（薄切り）　6 枚**
- **卵　2 個**（基本的に卵は 1 人前 1 個が目安です）
- **キャベツの千切り　300g**（キャベツは小ぶりなもの 1 個で十分です）
- **薄切りの青ネギ　3 本**
- **天かす　大さじ 2**
- **だし粉　小さじ 1**
- **水**（お好み焼き粉と混ぜ合わせる）

（トッピングとして）

- **お好み焼きソース**
- **日本製のマヨネーズ**（他の国のものよりもっと酸味、甘味、旨味がある）
- **かつお節**
- **青海苔**
- **紅ショウガ**（添え物として）

❶ **Chop** the cabbage into roughly equal strips. A **heaping** amount of cabbage held in your cupped hands is enough for one person. **Cut** the green onions **into thin slices**. **Set** them **aside**.

キャベツをほぼ等しい大きさの千切りにする。手のひらにこんもりとのるくらいのキャベツの量で1人前。青ネギを薄切りにする。キャベツと青ネギは脇に置いておく。

❷ To make the okonomiyaki **batter**, **whisk together** the eggs, flour, water, dashi powder, grated *nagaimo* in a large bowl.

大きめのボウルに卵、小麦粉、水、だしの素、すりおろしたナガイモを混ぜ合わせ、お好み焼きの生地を作る。

❸ Add the cabbage and green onions to the batter and mix well until everything is **evenly distributed**.

生地にキャベツと青ネギを加え、均等によく馴染むまで混ぜる。

❹ Heat your frying pan to 200℃ and add some vegetable oil.

フライパンを200度に熱し、サラダ油を入れる。

❺ Pour some of the cabbage **mixture** onto a hot frying pan. **Tamp down** the okonomiyaki into a circular shape of roughly 1.5 cm of average thickness.

キャベツ生地の半分をフライパンに入れる。お好み焼きを厚さ1.5センチくらいの丸い形に整える。

❻ Gently place 2 or 3 pork belly slices on top. Wait 3 minutes before **flipping** it **over** with a **spatula**. **Fry** until **golden brown** on each side.

上に豚バラ肉2〜3枚を置き、3分待ってへらでひっくり返す。両面においしそうな焼き目がつくまで焼く。

❼ **Transfer** the okonomiyaki to a plate, pork side up, and then add the toppings. **Squeeze** okonomiyaki sauce and mayonnaise, and spread them on the pancake. **Sprinkle** dried bonito flakes and **a pinch of** dried seaweed. Optionally, serve it with red pickled ginger on the top.

豚肉のほうを上にして皿にお好み焼きを移し、トッピングを加えていく。お好み焼きソースとマヨネーズをしぼり出し、お好み焼きに塗る。かつお節とひとつまみの青海苔をふりかける。オプションで紅ショウガを上にのせてできあがり。

words and phrases

□chop「みじん切りにする」 □heaping「山盛りの」

□cut 〜 into thin slices「〜を薄く切る」 □set aside 〜「〜を脇に置く」

□batter「生地」 ※天ぷらの「揚げ衣」の意味もある。

□whisk together 〜「〜を（泡立て器で）混ぜ合わせる」

□evenly distributed「均等に馴染む」 ※ evenly「むらなく」と distributed「分配される」で「全体によく馴染む」の意味になる。

□mixture「材料が混ぜ合わさったもの」

□tamp down 〜「〜を軽くたたいて固める（形を作る）」 ※In the frying pan, tamp down the mixture to spread out evenly, making them about 1 cm thick.「フライパンの中で、混ぜた材料が均等に広がるように軽く押して 1 センチの厚さに整える」

□flip over 〜「〜をひっくり返す」 ※ flip over the pancake「パンケーキをひっくり返す」も覚えておきたい。

□spatula「へら」 □fry「焼く」 □golden brown「きつね色」

□transfer「移す」

□squeeze「しぼり出す」 ※ squeeze a lemon「レモンをしぼる」のようにフルーツをしぼるときにも使う。

□sprinkle「ふりかける」 ※ふりかける範囲がもっと広い場合には scatter を使う。

□a pinch of 〜「〜のひとつまみ」 ※ a pinch of salt「塩ひとつまみ」は定番フレーズ！

⑩
お好み焼き

169

Mini Conversation

（友人同士の会話）

☆ : This is my first time to eat okonomiyaki! **Smells yummy!**

お好み焼きを食べるのは初めて。なんておいしそうな匂い！

★ : Okonomiyaki is a kind of pancake with meat, seafood and vegetables— mostly cabbage. This is actually my favorite way to eat cabbage. It **goes well with** the sauce. **Perfect harmony**!

お好み焼きはお肉、シーフード、野菜（そのほとんどがキャベツ）でできたパンケーキのようなものなんだ。お好み焼きは僕が一番好きなキャベツの食べ方だよ。ソースとの相性もバッチリ！

☆ : This is so good! How can you make it nice and **fluffy** like this?

本当においしいね！　どうやったらこんなうまい具合にふわふわにできるの？

★ : Grated *nagaimo* is one of the secrets. My family recipe uses more **yams** than the average.

すりおろしたナガイモがポイントだよ。我が家のレシピは通常よりも多い量のナガイモを使うんだ。

☆ : Sounds like that makes okonomiyaki healthier!

そうすることでお好み焼きがもっとヘルシーになるね！

★ : That's right. Another secret is the amount of water. It should just be enough to make the mixture **fall apart** when lifted with chopsticks. It's important to avoid an **overly viscous** or **runny consistency**. So, maybe you can add water at the end to **adjust firmness**.

その通り。もう1つのコツは、水の量だよ。混ぜた具材をお箸で持ち上げたときにバラバラと落ちるくらいの量にする。衣は、粘り気が多すぎても水っぽくなり過ぎてもだめ。だから、固さを調節するために水は最後に入れても構わない。

☆ : What if you don't have the okonomiyaki sauce?

もしお好み焼きソースがない場合はどうすればいいの？

★ : It can be **substituted** by mixing ketchup with **Worcestershire sauce**.

ケチャップにウスターソースを混ぜて代用できるよ。

☆ : Good to know!

良い情報をありがとう！

★ : You can always add some *karashi* mustard to the mayonnaise to **jazz up** the flavor.

味をさらに引き立てるために、マヨネーズに
からしを加えてもいいよ。

words and phrases

□Smells yummy!「おいしそうな匂い！」

□go well with 〜「〜とよく合う」　□perfect harmony「混ざり合ったおいしい味」

□fluffy「ふわふわの」　□yam「ヤムイモ、ナガイモ」

□fall apart「バラバラになる」　□overly「過度に」

□viscous「粘り気のある」　※ The soup is slightly viscous.「スープには少しとろみがある」

□runny「水気が多い」　□consistency「（液体の）濃度・粘度」

□adjust firmness「固さを調節する」　□substitute「代わりに用いる」

□Worcestershire sauce「ウスターソース」　□jazz up 〜「〜（味）を引き立てる」

11 Teriyaki Chicken Rice Bowl
/照り焼きチキンボウル

✜ Ingredients (4 servings)

Track **48**

(For the bowls)

- **1 pound chicken breasts** (One pound is about 450 grams.)
  (Don't forget to **prick** the chicken skin with a fork so that it releases the oil and absorbs more flavor. Although it's an extra step, it makes a difference in the end.)
- **3 cups steamed, mixed vegetables** (broccoli, carrots, red bell peppers)
- **2–3 cups white rice, cooked**
- **2 teaspoons sesame seeds** • **3 tablespoons potato starch** (*katakuriko*)
- **2 tablespoons sake or water (for steaming the chicken)**
- **salt and pepper to taste**

(For the teriyaki sauce)

- **2 teaspoons minced garlic** • **1 1/2 teaspoons minced fresh ginger**
- **1/2 cup water** • **1/4 cup low-sodium soy sauce**
- **3 tablespoons brown sugar**
- **1 tablespoon honey** (Organic honey is best, but brown sugar will do.)
- **1 tablespoon potato starch**
- **1 teaspoon toasted sesame oil** (Organic sesame oil **exists**, so **seek it out**! **Well-made** oil **retains** more of the **nutrients** of sesame seeds. Good cooking oil is a must in every kitchen.)
- **Red pepper flakes, if desired** (The **heat** of the chili pepper flakes and seeds is a nice **counterpoint** to the rich teriyaki sauce.)

words and phrases

□1 pound「1ポンド（約450グラム）」 □chicken breast「鶏むね肉」
□prick「刺す、刺して小穴をあける」 □potato starch「片栗粉」 □minced「みじん切りの」
□exist「存在する」 □seek out ～「～を探し求める」 □well-made「丁寧に作られた」
□retain「維持する」 □nutrient「栄養素」 □heat「辛さ、ヒリヒリ感」
□counterpoint「（比較・対照により他の）引き立て役になるもの」

海外でも大人気の照り焼きチキンボウルです。ひと口食べたら笑顔になる甘辛い照り焼きソース味のチキンと、その味がしみ込んだご飯を頬張れば、会話もはずみ、きっと思い出に残る異文化交流ができるでしょう。ここでは鶏肉の下処理として「フォークで穴をあける」「余分な粉をはたく」などの表現や、「皮目を下にして焼く」「ソースを煮詰める」「味のアクセントになる」といった表現をチェックしましょう。

✜材料（4人分）

（どんぶり用）

◉ **鶏むね肉　1 ポンド**（約 450 グラム）（鶏の皮をフォークで刺すと油が出て味がしみ込みやすくなるので、忘れないようにしましょう。ひと手間かかりますが、仕上がりに差が出ます）

◉ **蒸した野菜**（ブロッコリー、ニンジン、赤パプリカ）　**3 カップ**

◉ **白米　2 〜 3 カップ**（炊飯する）

◉ **ゴマ　小さじ 2**　　　　　　　◉ **片栗粉　大さじ 3**

◉ **酒または水　大さじ 2**（鶏の蒸し焼き用）

◉ **塩、こしょう　適宜**

（照り焼きソース用）

◉ **ニンニク（みじん切り）　小さじ 2**　　◉ **ショウガ（みじん切り）　小さじ 1 1/2**

◉ **水　1/2 カップ**　　　　　　　◉ **減塩醤油　1/4 カップ**

◉ **ブラウンシュガー　大さじ 3**

◉ **ハチミツ　大さじ 1**（有機ハチミツがベストですが、ブラウンシュガーでも可）

◉ **片栗粉　大さじ 1**

◉ **焙煎ゴマ油　小さじ 1**（オーガニックのゴマ油もありますので探してみてください。良い油にはゴマの栄養素がより多く含まれています。良い食用油はどこの台所にもマストなアイテムです）

◉ **唐辛子フレーク（お好みで）**（唐辛子フレークと種の辛さが、濃厚な照り焼きソースの良いアクセントになります）

1
絵でわかる
調理器具やキッチン用品の英語

2
英語レシピに頻出の表現

3
海外の料理のレシピに
英語で挑戦

4
海外で人気の和食レシピを
英語で説明してみう

❶ **Cube** the chicken and season with salt and pepper. Add the potato starch in a **plastic bag**, and toss in the chicken. Once the chicken is **coated with the starch**, remove the meat from the bag and **dab off** the **excess flour**.

鶏肉を小さい四角に切って塩とこしょうで下味をつけ、ビニール袋に片栗粉を入れ、鶏肉を入れる。鶏肉に粉をまぶしたら肉を袋から取り出し、余分な粉をはたいて落とす。

❷ Preheat the skillet for a minute. On medium heat, add some oil and **swirl** the oil **around**. Place your cubed chicken into the pan **skin-side down**. Let it **sear** **undisturbed** for 3 to 4 minutes until the skin **crisps up** and is nicely browned. (This locks in the juices.) **Flip** the chicken, add the sake, and quickly cover with a lid. Steam the chicken over medium-low heat for 8 minutes.

フライパンを1分ほど予熱しておく。中火で少し油を少し入れ、回す。角切りにした鶏肉を、皮目が下になるようにしてフライパンに入れる。皮がパリッとしてきれいな焼き色がつくまで3〜4分そのまま表面を焼く（これで肉汁が閉じ込められる）。鶏肉を裏返し、酒を加え、素早くふたをする。中弱火で8分ほど蒸し焼きにする。

❸ Now, prepare the sauce. Whisk all the teriyaki sauce ingredients together in a bowl. Add honey to **thicken** and sweeten the sauce.

ここで照り焼きソースを準備する。ボウルにソースのすべての材料を入れて混ぜる。とろみと甘みをつけるためにハチミツを加える。

❹ Remove the pan from the heat. Transfer the chicken to a plate and **wipe off** the excess grease from the skillet. On medium heat, place the chicken back in the pan, add the teriyaki sauce, and **reduce the sauce to a sticky consistency**. Don't be shy to taste your sauce at this time. It's your last chance to **tinker with** the dish!

フライパンを火からおろす。鶏肉を皿に移し、フライパンについた余分な油を拭き取る。中火にかけ、フライパンに鶏肉を戻し入れ照り焼きソースを加え、粘りが出るまで煮詰める。このとき、躊躇せずにソースの味見をすること。この料理を手直しする最後のチャンス。

❺ Serve on **a bed of rice** with steamed vegetables. Don't forget to **drizzle** the remaining sauce on top. The meat with the sauce and the veggies should look appealing. A few **slivers** of colorful bell peppers really **put** this stir-fry dish **over the top**. Sprinkle a few toasted sesame seeds on top for show.

蒸した野菜と一緒に、ご飯の上に盛り付ける。フライパンに残ったソースをかけるのを忘れずに。照り焼きソースが絡んだ肉（チキン）と野菜は食欲をそそる。色とりどりのパプリカを散らすと、この炒め物はさらに豪華になる。炒ったゴマを上に散らすと見栄えがする。

words and phrases

□cube「小さな立方体に切る」　※ cut the chicken breast into bite-sized pieces「ひと口大に切る」に言い換え可能。

□plastic bag「ポリ袋」　□coat 〜 with the starch「〜に片栗粉をまぶす」

□dab off 〜「〜を軽くたたいて取り除く」　※ dab「軽くパタパタとたたく」

□excess flour「余分な粉」　※この場合は片栗粉。

□swirl 〜 around「旋回させる」　□skin-side down「皮目を下にして」

□sear「表面に焼き目をつける」　□undisturbed「邪魔をせずに、元のままの」

□crisp up「パリッとする、カリカリになる」

□flip「ひっくり返す」　□thicken「味を濃くする、とろみをつける」

□wipe off 〜「〜を拭き取る」

□reduce the sauce to a sticky consistency「ソースに粘りが出るまで煮詰める」

□tinker with 〜「〜に手を加える、操作する」

□a bed of rice「白ご飯を広げたもの」　※ a bed of 〜「〜を敷き詰めたもの」

□drizzle「したたるようにかける」

□sliver「縦に細長いもの」　※ garnish with slivers of red bell pepper「赤パプリカの細切りで飾る」

□put 〜 over the top「有利にする、豪華にする」

⑪照り焼きチキンボウル

175

（友人同士の会話）

☆ : Your teriyaki chicken today was the most **succulent** I've ever had! The chicken was juicy and tender, but when I cook it, it's usually tough. Do you have any tricks to keep the chicken from getting **as tough as shoe leather**?

今日の照り焼きチキンは、今まで食べた中で一番ジューシーだったわ！　鶏肉はジューシーでやわらかかったけれど、私が調理すると固くなってしまうの。靴の革のように固くならないコツはある？

★ : First of all, you have to prick a few holes in the chicken with a fork.

まず、鶏肉にフォークで数カ所穴をあけることだね。

☆ : I've seen that on a cooking show on TV.

テレビの料理番組で観たことがある。

★ : Yes. This has two benefits. The first is that it softens the texture of the chicken. Protein tends to **shrink**, so it tends to get tough when heated. So, by **piercing** the chicken with a fork, you can reduce the **shrinkage** and prevent the chicken from becoming tough. The **skin** tends to shrink the most, so make holes not only in the meat but also in the skin.

そう。これには2つの利点がある。1つは鶏肉の食感をやわらかくすること。タンパク質は縮む性質があるから、加熱すると固くなりがちなんだ。そこで、フォークで鶏肉に穴をあけることで、収縮を抑え、固くなるのを防ぐことができる。皮が一番縮みやすいから、肉だけでなく皮にも穴をあけて。

☆ : I see.

なるほどね。

★ : The other advantage is that it makes it easier for the **seasoning** to **penetrate**. For example, this is the best preparation for fried chicken that is to be **marinated** in a sauce before cooking. However, **chicken thighs** have thicker and more **stringy** meat than any other chicken parts, so piercing the thighs with a fork may not be **sufficient**. In this case, you can prevent their cooking shrinkage by making a 1-cm deep **incision** with a knife to pierce the thighs. In general, **white meat** is harder than **dark meat** so, when cutting it, hold the knife **upright** and use the edge of the blade... or, **alternatively**, you can lightly **tenderize** the chicken with a **rolling pin** to **break down the fibers**.

あと、調味料が浸透しやすくなるというメリットもある。例えば、タレに漬け込んでから調理するフライドチキンには最適な下ごしらえだよ。ただし、鶏もも肉は他の部位に比べて肉厚で筋が多いので、フォークで刺すだけでは不十分な場合がある。そのときは、ナイフで深さ 1 cm ほどの切り込みを入れて肉に穴をあけると、調理による縮みを防ぐことができる。一般的に、ホワイトミート（むね肉）はダークミート（もも肉）より固いので、切るときは包丁を立てて刃先を使うか、あるいは麺棒で肉を軽くやわらかくして繊維を断ち切るといいよ。

☆ : For now, I'll try to pierce the skin with a fork. Thanks.

とりあえずはフォークで皮に穴をあけるようにしてみるね。ありがとう。

words and phrases

□succulent「肉汁が多い、ジューシーな」

□as tough as shoe leather「革のように固い」

□shrink「縮む」　□pierce「刺す、突き通す」　□shrinkage「縮小、減少」

□skin「皮」　□seasoning「調味料」　□penetrate「しみ込む、広がる」

□marinate「タレに漬け込む」　□chicken thigh「鶏もも肉」

□stringy「筋の多い、繊維質の」　□sufficient「十分な」　□incision「切り込み」

□white meat「むね肉やささみなど」　※加熱後に白くなる部位。

□dark meat「もも肉など」　※加熱後に色が濃くなる部位。　□upright「まっすぐに」

□alternatively「その代わりに」　□tenderize「（肉を）やわらかくする」

□rolling pin「麺棒」　□break down the fibers「繊維を断ち切る」

12　Gyoza／ギョウザ

⁂ Ingredients (3–4 servings)　 Track **51**

- **300 grams minced meat** (usually, pork)
- **250 grams <u>finely</u> chopped cabbage**
- **15 grams <u>grated</u> garlic**
- **20 grams grated ginger**
- **10 grams soy sauce** (Buy the best soy sauce available to you. It doesn't have to be a local, **<u>artisanal</u>** creation! **<u>Well-brewed</u>** soy sauce adds a **<u>rich</u>** umami flavor without **<u>overpowering</u>** other flavors.)
- **20 ml cooking sake** (This is another ingredient with many levels of quality. Any quality **<u>will do</u>**.)
- **1 teaspoon sugar**
- **salt and pepper to taste** (With simple recipes, seasoning is the key. Start low and add more each time you make gyoza. The pepper can **hijack** the flavor, so use it **<u>sparingly</u>** at first.)
- **23–25 gyoza wraps** (If packs of 20 are available, then buy two. You can always make cheese wraps to **<u>round out</u>** the gyoza meal.)
- **1 teaspoon flour** (Potato starch is a fine **<u>substitute</u>**.)

words and phrases

□finely「細かく」 □grate「すりおろす」 □artisanal「職人技の」
□well-brewed「よく醸造された」 □rich「コクのある」
□overpower「～より勝る、～の影を薄くする」 □will do「～で十分足りる」
□hijack「奪い取る」 □sparingly「控え目に」 □round out ～「～を締めくくる」
□substitute「代用品」

香ばしい匂いを漂わせながらジュージューと焼かれる餃子はおいしいだけでなく、皮に具を包むプロセスも楽しめる料理ですね。もし皮が余っても、チーズを包んで揚げ焼きにしたり、トマトソースを塗ってミニピザ風にアレンジしたりして最後まで楽しめます。ここでは餃子の皮に「封をする」「ひだを作る」などの表現や、蒸し焼きの際に「水をさっとふりかける」、餃子が「ふっくらと」「ジューシーになる」「皮がさくっとパリパリになる」といった表現をチェックしましょう。

✥材料（3〜4人分）
- **ひき肉**（通常、豚肉）　**300 グラム**
- **キャベツのみじん切り　250 グラム**
- **おろしニンニク　15 グラム**
- **おろしショウガ　20 グラム**
- **醤油　10 グラム**（醤油は一番いいものを買ってください。地元職人によるこだわりの醤油でなくても OK ！　よく醸造された醤油は他の味を邪魔することなく、豊かなうま味を加えます）
- **料理酒　20 ml**（これも品質はさまざまですが、どんな品質のものでも構いません）
- **砂糖　小さじ 1**
- **塩、こしょう　適量**（シンプルなレシピの場合、味つけは重要です。最初のうちは味つけを少なくして、餃子を作るたびに（加減を見て）味を追加していきましょう。こしょうは味の邪魔をするので、最初は控えめに）
- **餃子の皮　23 〜 25 枚**（20 枚入りがあれば 2 パック買いましょう。餃子の締めに、残りの皮でチーズ包みを作ることができます）
- **小麦粉　小さじ 1**（片栗粉で代用可）

⑫ギョウザ

179

❶ Chop the cabbage very finely. You can replace a little bit of cabbage with slightly larger cuts of green onions. This adds **texture** and interest. Set this aside.

キャベツをとても細かく刻む。キャベツの代わりに大きめに切った青ネギを少しだけ使ってもよい。そうすることで、食感が増し、面白みも生まれる。脇に置いておく。

❷ Place **ground pork**, garlic and ginger in a bowl. You can **squeeze in** the garlic and ginger, if you have tubes of them. **Toss in** the seasoning. Salt, pepper, sugar, sake, soy sauce goes in the bowl.

ボウルに豚ひき肉、ニンニク、ショウガを入れる。チューブの場合はニンニクとショウガをしぼって入れる。ここで調味料を投入。塩、こしょう、砂糖、酒、醤油をボウルに入れる。

❸ **Knead** it all together very well. This should be a **uniform** mixture and already have a nice aroma.

全部をよく練る。こうすることで均一に混ざる。この時点ですでに良い匂いが漂っている。

❹ Now, it's time for the cabbage (and green onions). It's important to add these last. Continue kneading, but not too much. You don't want to **crush** the texture of your **greens**.

次はキャベツ（と青ネギ）で、これらを最後に加えることが重要。継続してこねるが、こね過ぎないように。葉物野菜の食感を壊さないようにするため。

❺ **Dust** some flour or potato starch on your clean, dry **work surface**. This helps you handle things.

清潔で乾いた作業台に小麦粉か片栗粉をまぶす。そうすることで作業がしやすくなる。

❻ Place some of your mixture in the middle of each wrap, <u>**fold**</u> it <u>**in half**</u> and <u>**seal**</u> it <u>**shut**</u>. Wet fingers help a lot! Then, <u>**twist the edge inwards**</u>, and <u>**fashion**</u> a <u>**pleated**</u> design on the edge.

各餃子の皮の真ん中に混ぜたもの（餃子のタネ）を置き、半分に折って封をする。指が濡れているとやりやすい。そして、皮の端を内側に織り込んでいき、ひだのデザインを作る。

❼ Heat a frying pan to a high temperature, add cooking oil, and <u>**fry**</u> 8 of the gyoza at once.

フライパンを高温に熱し、油を入れ、1 回に餃子を 8 個焼いていく。

❽ You can cook one side (the bottom) a little more to <u>**develop a crust**</u>. <u>**Spritzing**</u> water on the frying pan creates steam that cooks, and effectively seals the gyoza tops. This works especially well when you use a <u>**lid**</u> on the frying pan. This also keeps the gyoza juicy on the inside.

皮がパリパリになるように、片面（底面）をもっと焼くこともできる。フライパンに水をかけると蒸気が出て、餃子に火を通し、効果的にその口を封じる。これは特にふたをすることで効果的になり、さらに餃子をジューシーにする。

words and phrases

□texture「食感」　□ground pork「豚ひき肉」

□squeeze in ～「～をしぼって入れる」　※ squeeze「しぼる」

□toss in ～「～を入れる、投入する」　□knead「こねる」

□uniform「均一の、むらのない」　□crush「押しつぶす」

□greens「葉物野菜」　※この場合はキャベツや青ネギのこと。

□dust「粉をまく、ふりかける」　□work surface「作業スペース」

□fold ～ in half「～を半分に折る」　□seal ～ shut「～の口を閉じる」

□twist the edge inwards「端を内側に折り込む」　※ edge「端」

□fashion「形作る」　□pleated「ひだのついた」　□fry「焼く」

□develop a crust「外側がさくっとパリパリになる」　※ crust「固くなった表面」

□spritz「（液体を）さっとふりかける、まく」　※「小雨」の意味もある。

□lid「ふた」

（カップルの会話）

☆ : What's for dinner?

晩御飯は何？

★ : Gyoza.

餃子だよ。

☆ : Gyoza and what?

餃子と何？

★ : Gyoza and beer! Fried gyoza is the main course tonight.

餃子とビール！　今夜は焼き餃子がメインなんだ。

☆ : But in restaurants, gyoza is always part of a set. It **comes with** something else.

でも、レストランでは、餃子はいつも定食になっているよ。だいたい何か他のものと一緒だけど。

★ : Well, my homemade gyoza is **the bomb**! Restaurants **economize on** quality to save money. Some restaurants use thicker **gyoza skins** to save on **fillings**. Even boiled gyoza saves money. Everyone has water, but not everyone has good cooking oil. This is such a simple recipe that you must go with the best ingredients… like I do.

言わせてもらうけど、僕の手作り餃子は最高なんだ。お店はコストを抑えるために質を落としている。餃子の皮を厚くして、具を少なくする店もある。水餃子でさえも節約になる。水は当たり前に手に入るけど、良い油はそうはいかない。餃子はとてもシンプルな作り方だから、質の良い材料で作る必要があるね…僕のように。

☆ : Wow! You really think a lot about it!

すごくいろいろ考えてるのね!

★ : I could go on! **Panfried** Japanese gyoza is the perfect food, from the **mouthwatering** smell to the satisfying **crispy** sound! Let's make some **plump**, **voluminous** beauties.

まだ続くよ!　日本の焼き餃子は、食欲をそそる匂いといい、パリパリした音といい、最高の食べ物だよ。ふっくらとしたボリュームのある素晴らしい餃子を作ろう。

☆ : Wow. Okay, I'll help. Do we start with the **dough**?

わあ。じゃあ、私も手伝うよ。まずは生地から始める?

★ : Ah! No. I buy the **wraps**. Making them **doubles** the **prep time**. Once we get married, we can do it all by hand… shoulder to shoulder.

いや、餃子の皮は買うよ。皮から作ると下ごしらえの時間が2倍になってしまう。僕たちが結婚したら、全部手作業で、肩を寄せ合ってできるようになるよ。

☆ : Okay, but I'd like you not to **load** them **up with** garlic!

いいよ。でもなるべくあまりニンニクたっぷりにはしてほしくないな。

★ : Haha! Let's make two types of fillings, and we can wrap them in different ways to see the difference.

あはは。じゃあ具を2種類作って、包み方を変えて違いを見てみよう。

☆ : Good. Let's make some with pork and try lamb meat for the rest.

いいね。豚肉でいくつか作って、残りはラム肉で作ってみようよ。

★ : And I still want a bit of garlic.

あと、でもやっぱりニンニクは少し入れたいな。

words and phrases

□come with ～「～を伴う」

□the bomb「大当たり、素晴らしいもの」　※もともとは「爆弾」の意味だが、「映画・演劇が大失敗」の意味もあり、その逆に「大成功」の意味にも使われる。

□economize on ～「～を節約する」　□gyoza skins「餃子の皮」

□fillings「詰め物、具」　□panfried「フライパンで炒めた、少量の油で焼いた」

□mouthwatering「よだれの出そうな」　□crispy「パリパリした、カリカリした」

□plump「ふくよかな」　※この場合は餃子の具が大きくふっくらしたという意味。

□voluminous「大きい、多量の」　□dough「小麦粉を練った生地」

□wrap「餃子を包む皮」　□double「2倍にする」　□prep time「準備時間」

□load ～ up with …「～を…でいっぱいにする」　※load「詰め込む」

184

PANKO（パン粉）のお話

　辞書で「パン粉」を調べると **breadcrumbs** という訳が載っていますが、これは文字通り bread（パン）と crumbs（パンくず、断片）が合体したものです。この breadcrumbs はいわゆる欧米のパン粉で、私たちが日本で普段エビフライやトンカツといった揚げ物を作るときに使うパン粉とはかなり見た目も異なるものです。近年は英語圏などで日本製の **panko** が breadcrumbs とは別物として人気を集めており、英語レシピや料理の動画サイトでもよく panko が登場します。スーパーマーケットでも breadcrumbs の隣に日本製の panko が並んで売られています。

　日本製の panko と西洋の breadcrumbs との違いは材料と質感です。panko はいわゆる white bread（食パン）のみをフレーク状に砕いて使用するため、空気を含みふんわりした質感であるのに対して、breadcrumbs は乾燥したパンやクラッカーを粉々にして作るため、panko に比べてザラザラとした粒状で、まるで指をサラサラとすり抜ける砂のような質感です。

　panko は空気を含んで軽く、調理することで素材のおいしさを衣に閉じ込めサクサクとした歯応えの良い食感に仕上げることができるのですが、その魅力が外国でも人気を集める理由のようです。breadcrumbs だとサクサクというよりはカリカリになるので、おいしいフライを作るには panko が最適というわけですね。フライの衣以外に、グラタンやマカロニ＆チーズのトッピングや、例えばチキンに panko と粉チーズを合わせたものをまぶしてオーブンで焼くのも、油を減らせてヘルシーになるので人気があります。

⑫ギョウザ

⁂ Ingredients

 Track **54**

- **steamed rice** (Use the best <u>**short-grain rice**</u> you can find because it makes a big difference. Cooking can be done in a rice cooker or, preferably, in a pot <u>**on the stove top**</u>. This takes the longest time to prepare, so start this first.)
- **sushi vinegar** (Homemade is easy to prepare, and is <u>**preferred to ready-made**</u>, store-bought sushi vinegar for the depth in flavor.)
- **unsalted dried seaweed/nori** (This is sometimes called roasted seaweed sheets or *yakinori*. Buy squares of at least 15 cm by 15 cm.)
- **fillings** (Fresh tuna, flaked tuna, cooked shrimp, scallops, salmon, <u>**salmon roe**</u>, sliced ham, carrots, cucumbers, lettuce leaves. Use anything you like.)

words and phrases

□short-grain rice「短粒米、ショートグレイン」 ※日本で食べるようなお米を外国で買いたいときはこの種類を選びます。

□on the stove top「コンロの上で」 □preferred to ～「～より好まれる」

□ready-made「既製の」 □salmon roe「イクラ」

手巻き寿司はシーフードや色鮮やかな野菜、卵焼きやその他いろいろな具材で
テーブルを華やかに飾る食事です。海苔やレタスなどの野菜でくるっと巻いて食
べるスタイルも楽しいので、海外で日本人が作るメニューの中で人気があるのも
うなずけます。

　もし新鮮な魚が調達できない場合はカニカマやツナ缶、アボガドを巻くだけで
も十分楽しめるのでぜひ振る舞ってみましょう。ここでは「よく混ぜる」「米粒」
「カニカマ」や「コンロで炊く」「寿司飯を平らにする」「お口直しになる」といっ
た表現をチェックしましょう。

✛材料

- **炊いたご飯**（短粒米を使うと格段に違うので、なるべく良いものを。炊飯器で
  もいいし、鍋を火にかけて炊いてもいい。準備で一番時間がかかるので、初め
  にやっておくとよいでしょう）

- **寿司酢**（自家製なら簡単に作れるし深い味わいがあるので、市販の寿司酢より
  おすすめ）

- **無塩の海苔**（焼き海苔と呼ばれることもあります。少なくとも 15 センチ×15
  センチ以上の四角いものを買うこと）

- **具**（マグロ、ツナ、茹でエビ、ホタテ、サーモン、イクラ、スライスしたハ
  ム、ニンジン、キュウリ、レタスの葉などお好きなもの）

❖ Step-by-step instructions（レシピ）

 Track 55

❶ Cook the rice. Two cups are enough to serve 3–4 people. **Stovetop rice** is light and fluffy, but using a rice cooker is also fine.

米を炊く。3 〜 4 人前なら 2 カップで十分。コンロで炊くとふっくらと仕上がるが、炊飯器を使っても大丈夫。

❷ Make homemade sushi vinegar. Ready-made sushi vinegar is available at your local grocery store, but adding salt and sugar **to taste** **gives you more control**. Homemade sushi vinegar is so easy to prepare! In a bowl, mix 4 tablespoons of rice vinegar, 2 tablespoons of sugar, and 1 teaspoon of salt. Sea salt or rock salt is best! Stir everything very well, but gently, with a spoon. If your sugar doesn't **dissolve** easily, heat it up in a saucepan with a little water, but **remove** it just before boiling.

自家製の寿司酢を作る。スーパーで売っている寿司酢を使ってもよいが、好みに応じて塩と砂糖で味を調えるのが一番。自家製寿司酢はとても簡単に作れる。ボウルに米酢大さじ 4、砂糖大さじ2、塩小さじ 1 を入れて混ぜる。海塩か岩塩がベスト！ スプーンでやさしくよくかき混ぜる。砂糖が溶けにくい場合は、鍋に少量の水を入れて加熱し、沸騰直前でおろす。

❸ **Allow** the vinegar mixture to cool, then **pour** it **over** the rice. **Combine thoroughly** to coat each **grain of rice** with the mixture. It will look wet at first, but it'll dry as it cools.

酢を冷ましてから、ご飯にかける。よく混ぜ合わせ、米の 1 粒 1 粒に馴染ませる。最初は濡れているように見えるが、冷めてくると乾いてくる。

188

❹ Put one piece of <u>rectangular</u> nori (or <u>leafy</u> green lettuce) in your hand or on a plate. Place your sushi rice on one side of the nori. Next, <u>flatten</u> the rice to under 1 centimeter in thickness. Now, you add your fillings. Get creative. Mix things up, but don't add too much because you won't be able to roll it. The trick with nori is to start rolling it from a 45-degree angle, then it will naturally form a <u>conical</u> shape. <u>Voilà!</u>

長方形の海苔（または緑豊かなレタス）を1枚、手の上もしくは皿に置く。海苔の片側に寿司飯をのせる。次に、ご飯を1センチ弱の厚さに広げる。そして具をのせる。クリエイティブに！　いろいろとのせていくが、多すぎると巻けなくなるので、ほどほどに。海苔は45度の角度から巻くと、自然に円錐形になるので、それがコツ。さあ、できあがり！

words and phrases

□stovetop rice「コンロで炊いたご飯」　□to taste「お好みで」
□give 〜 more control「自分で調節がきく」　□dissolve「溶ける」
□remove「火からおろす」　□allow「〜させる」　□pour over 〜「〜の上からかける」
□combine thoroughly「よく混ぜる」　※ thoroughly「徹底的に」
□grain of rice「米粒」　□rectangular「長方形の」　□leafy「緑豊かな」
□flatten「平らにする」　□conical「円錐形の」　□Voilà!「ほら、できた！」（フランス語）

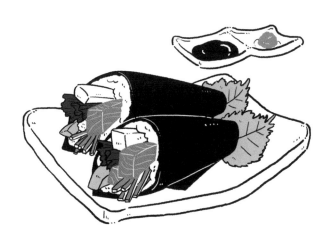

（カップルの会話）

☆ : What are we making tonight?

今夜は何を作るの？

★ : *Temaki sushi*… Sushi rolls, in English.

手巻き寿司だよ。

☆ : Wonderful! I had them a long time ago when I was in Tokyo. It looks easy to make. Is it? Why don't we make *nigiri sushi* instead?

最高！　前に東京にいたときに食べたよ。簡単に作れそうだけど、違う？　代わりに、にぎり寿司はどう？

★ : Sushi rolls are easier, and you can use more ingredients… like avocado, natto, canned tuna, sausages… **crab sticks**, or pork cutlets.

手巻きのほうが簡単だよ。それにもっと多くの具材を使えるし。アボカド、納豆、ツナ缶、ソーセージ…カニカマ、トンカツとかね。

☆ : Wait a minute! This sounds more complicated than *nigiri sushi*. Plus, there are more ingredients... like the **wrap**.

ちょっと待って。にぎり寿司より大変そう。それに材料も多いし…ラップみたいに。

★ : Yeah, but we can wrap it all together **with no fuss**. Sushi needs to look good. Anyhow, with my homemade sushi vinegar, these rolls will **rock**. We can **alternate** nori rolls and lettuce rolls, so you can **upload** some pictures to your social media.

ああ、でも巻くだけだから手間いらずだよ。お寿司は見た目が大事だからね。とにかく、僕の自家製寿司酢を使えば手巻き寿司は最高さ！　海苔で巻くのとレタスで巻くのを交互に作ることもできるから、SNS に写真をアップもできる。

☆ : Oh! Thank you!

ありがとう！

★ : And we have some *gari*, **pickled ginger** to eat between rolls to **cleanse the palate**. We have a lot of stuff in the fridge, so why don't you pick a few things for our sushi rolls. And **take out** the wasabi tube. That will really clear our heads.

それから、手巻きを食べる間に、お口直しになるガリもあるよ。冷蔵庫にいろいろ入っているから、使うものを選んでみてよ。チューブのワサビも取り出して。ワサビで頭がクリアになる。

☆ : I still remember our first date when you made me eat a **spoonful**. That really cleared my head... of you! Ha-ha!

最初のデートで、あなたがスプーン1杯のワサビを私に食べさせたことをまだ覚えてる。あのときは本当にもうあなたのことをクリアに（消去）しようかなと思ったもの…ハハ！

words and phrases

□crab sticks「カニカマ」

□wrap「ラップ」 ※トルティーヤという薄い皮で肉や野菜を巻いて包んだサンドイッチ。

□with no fuss「問題なく」 ※ fuss「手間のかかること」

□rock「感動的である、一番である」 □alternate「交互に行う」

□upload「載せる」 □pickled ginger「ガリ」

□cleanse the palate「(直訳) 味覚を清める」→「お口直しをする」 ※ palate cleanser「お口直し」 □take out「取り出す」 □spoonful「スプーン1杯分の」

14 Japanese Curry and Rice／日本のカレー

1
絵でわかる
調理器具やキッチン用品の英語

2
英語レシピに頻出の表現

3
海外の料理のレシピに
英語で挑戦

4
海外で人気の和食レシピを
英語で説明してみよう

❖Ingredients (5 servings)　　　　　　　　　　　　● Track 57

- **90–95 grams <u>curry sauce mix</u>**
- **350 grams chopped onions** (These can be minced as they will spread evenly through your curry. Many people prefer larger cuts.)
- **250 grams chopped potatoes** (<u>**Russet potatoes**</u> are a delicious choice.)
- **150 grams chopped carrots** (The <u>**proportions**</u> can change but 350-250-150 is easy to remember, as long as you remember onions-potatoes-carrots. Cut both your potatoes and carrots into a size small enough to carry two on a spoon! This is rather <u>**chunky**</u>.)
- **300 grams cut meat** (This can be beef, chicken, lamb or even shrimp without the shell! <u>**Cubes**</u> of about 2 cm are a good size.)
- **1 tablespoon vegetable oil** (Butter works, too. <u>**Tallow**</u> is almost always the best choice when cooking meat.)
- **700 ml water**

words and phrases

□curry sauce mix「カレールー」
□russet potato「ラセットポテト」　※ジャガイモの種類。　□proportion「割合」
□chunky「(具材が) ゴロゴロと大きめの」
□cube「立方体」　※この場合は角切りカットのこと。
□tallow「獣脂」　※ beef tallow「牛脂」

インドのカレーと比べて程よい辛さとフルーティーな甘さも感じる日本のカレーは、海外でも人気が高いので、外国の人と一緒に作ったり、振る舞ったりすれば大いに喜ばれます。やわらかく煮えたジャガイモを頬張れば、カレーにコクを出す調味料や具材の話にもきっと花が咲くでしょう。ここでは「ゴロゴロした大きめの（具材）」「ルーを割る」「炭水化物を控える」や「牛脂」「飛びはね」「自分だけの一品」といった表現をチェックしましょう。

✣材料 (5人分)

● **カレールー　90～95グラム**

● **角切りしたタマネギ　350グラム** (みじん切りにしたほうがカレー全体に味が行き渡りますが、大きめカットを好む人が多い)

● **角切りにしたジャガイモ　250グラム** (ラセットポテトがおいしいです)

● **角切りにしたニンジン　150グラム** (割合は多少変わってもいいですが、タマネギ、ジャガイモ、ニンジンを350g-250g-150gと覚えておけば楽です。ジャガイモとニンジンを、スプーンに2切れのるくらいの大きさに切りましょう！　割と具はゴロゴロと大きめです)

● **カットした肉　300グラム** (これは牛肉でも鶏肉、ラム肉でも、殻なしのエビでもOK！　2cmくらいの角切りがよいでしょう)

● **サラダ油　大さじ1** (バターでも可。肉を焼くときは、たいてい獣脂がベストです)

● **水　700ml**

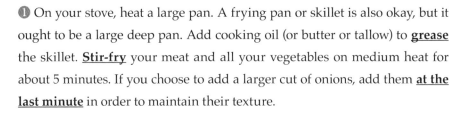

❖ **Step-by-step instructions（レシピ）**   🔵 Track 58

❶ On your stove, heat a large pan. A frying pan or skillet is also okay, but it ought to be a large deep pan. Add cooking oil (or butter or tallow) to **grease** the skillet. **Stir-fry** your meat and all your vegetables on medium heat for about 5 minutes. If you choose to add a larger cut of onions, add them **at the last minute** in order to maintain their texture.

コンロで、大きめの鍋を熱する。フライパンでもいいが、深さのある大きなものが良い。サラダ油（またはバターか獣脂）を入れて油を引く。肉とすべての野菜を中火で 5 分ほど炒める。大きめにカットしたタマネギを入れる場合は、食感を残すために最後に入れる。

❷ Now, add water and bring the heat up to achieve a boil. A **splatter guard** or cover is recommended. If you're not using a **tempered glass cover**, **peek** frequently to see how things are going. Don't reduce the temperature too much.

ここで水を加え、火を強めて沸騰させる。飛びはね防止ガードやふたをすると良い。（強化ガラス製の）ガラスのふたを使用しない場合は、こまめに覗いて様子を見る。温度は下げ過ぎない。

❸ Lower the heat on your covered skillet or pan and allow it to simmer for 10 to 15 minutes. After 10 minutes, if your onions are tender, and potatoes have softened **all the way through**, that's your sign to stop the heat. Check with a fork or toothpick. Remember not to cut large pieces of carrots and potatoes. The important point is not to **overcook** your meat or vegetables. There needs to be liquid in the skillet for the next step.

ふたをしたフライパンか鍋の火を弱め、10 〜 15 分ほど煮込む。10 分後に、もしタマネギがやわらかくなり、ジャガイモに中まで火が通ったら火を止める合図。フォークや爪楊枝で確認する。ニンジンやジャガイモは大きく切り過ぎないように注意する。大切なのは、肉や野菜に火を通し過ぎないこと。次の工程のためにフライパンには水分が残っている必要がある。

❹ Turn the heat off, **break up** your curry roux **into pieces**, then add them to the skillet. Mind the amount! The instructions are written on the box. Stir

（左欄・縦書き）

1 絵でわかる調理器具やキッチン用品の英語

2 英語レシピに頻出の表現

3 海外の料理のレシピに英語で挑戦

4 海外で人気の和食レシピを英語で説明してみよう

until the sauce has melted evenly. You don't want to **end up** **biting into** a **chunk** of curry sauce mix while eating!

火を止め、カレールーを細かく砕いて加える。分量には注意！ ルーの箱に書いてある。ソースが均一に溶けるまでかき混ぜる。食べているときにカレールーの小さなかたまりをかじってしまうことにならないように。

❺ Continue to simmer **uncovered** on low heat for about 10 minutes. Keep stirring because the thick curry sauce **gets burnt** easily at the bottom of the pot. Serve hot over a bed of rice or noodles.

そのままふたをせずに弱火で 10 分ほど煮込む。鍋底がすぐに焦げつくので、かき混ぜながら煮る。熱いうちにご飯や麺類にかける。

---

words and phrases

□grease「油を引く」 □stir-fry「炒める」

□at the last minute「直前に、ギリギリになってから」

□splatter guard「飛びはね防止」 □tempered glass cover「ガラス製のふた」

□peek「のぞく」

□all the way through「完全に」 ※ cook all the way through「中まで火を通す」

□overcook「煮過ぎる」 □break up ～ into pieces「～を細かく割る」

□end up ～「結果的に～になる」 □bite into ～「～にかぶりつく」

□chunk「かたまり」 □uncovered「ふたをせずに」 □get burnt「焦げてしまう」

（友人同士の会話）

☆ : I love your curry. What else **besides** curry roux cubes do you add to make it so tasty?

あなたの作るカレーが大好き。カレールー以外に何を加えるとこんなにおいしくなるの？

★ : First of all, for sweetness, I recommend **chutney**, grated apple, ketchup or **sweet sake**. **Caramelized onions** are also very good.

まず、甘みにはチャツネやすりおろしたリンゴ、ケチャップやみりんなどがおすすめだよ。茶色くなるまでしっかり炒めたタマネギもいいね。

☆ : I think grated apples **couple well with** the curry!

すりおろしたリンゴは、カレーによく合いそうだね。

★ : If you want to add richness of flavor to your curry, chocolate, instant coffee, Worcestershire sauce, and butter are also good additions.

カレーにコクを出したいなら、チョコレートやインスタントコーヒー、ウスターソース、バターなどもおすすめ。

☆ : Chocolate is a surprise! I may try it next time.

チョコレートとは驚き！　今度試してみようかな。

★ : I also recommend using two different brands of curry sauce mix. You can even mix **mildly spicy** and **medium spicy** levels together.

カレールーを2種類使うのもおすすめだよ。甘口（マイルドな辛さ）と中辛を混ぜて使ってもいいね。

☆ : Are there any other good combinations of food **aside from** rice?

ご飯以外で、何か良い組み合わせはある？

★ : Udon noodles or pasta are great **alternatives** for steamed rice. If you want to **cut down on carbs**, **vegan** curry soup with mushrooms is also delicious. For its bold taste, you can enjoy curry without meat. I like beef curry for its **extravagance**, though.

ご飯の代わりにうどんやパスタはかなりおすすめ。もし炭水化物を控えたいなら、キノコの入った野菜カレースープもおいしいよ。カレーの味にはパンチがあるから、肉が入っていなくても楽しめる。僕は贅沢な感じがするビーフカレーが好きだけど。

☆ : You can **arrange** the curry sauce **to your liking** in various ways. Curry is so **adaptable** that we can create our own **signature** dishes.

カレーは自分の好みにいろいろアレンジできるね。 カレーには順応性があるから自分だけの一品を作ることができるよね。

---

words and phrases

□besides「〜の他に、〜に加えて」

□chutney「チャツネ」 □sweet sake「みりん」

□caramelized onion「飴色になるまで炒めたタマネギ」

□couple well with 〜「〜とよく合う」 ※ couple「結びつける」

□mildly spicy「(カレーの) 甘口」 □medium spicy「中辛」

□aside from 〜「〜以外に」 □alternative「選択肢」

□cut down on carbs「炭水化物を減らす」 ※ carbs [＝carbohydrates]「炭水化物」

□vegan「野菜のみを使用した」 □extravagance「ぜいたく」

□arrange 〜 to your liking「あなたの好みにアレンジする」 ※ liking「嗜好」

□adaptable「融通の利く」 □signature「独自の、特徴的な」

15 *Shiratama Dango with Canned Fruit* ／ 白玉フルーツ

⁜Ingredients

 Track 60

- **100 g *shiratamako* flour** (Please <u>source</u> this online if you cannot get it at your local grocery store. This ingredient makes <u>**all the difference in the world**</u>.)
- **90 ml water** (or 1 package of <u>**soft tofu**</u>. This is an optional ingredient.)
- **1 tablespoon sugar**
- **1 <u>canned</u> orange**
- **1 canned pineapple** (Canned peach goes so well, too! You can also add any fresh fruit of your preference such as kiwi, orange, peach, or mango.)
- **1 cup syrup of canned fruit** (Don't discard the syrup!)

(Optional)

- **green tea ice cream** (This is an excellent partner for your *dango*. Pistachio ice cream is also an excellent choice.)
- ***kinako* flour** (This is highly recommended for its texture, especially if you have the *dango* with rich ice cream. This is a useful addition to your <u>pantry</u> as it can be used for other desserts, such as cookies.)
- <u>**red bean paste**</u>

There are many dishes in which *dango* can be <u>**employed**</u>. <u>**Pair**</u> its <u>**subtle**</u> flavor <u>**with**</u> something that has a <u>**distinctive**</u> flavor.

words and phrases

□source「仕入れる」 □all the difference in the world「雲泥の差、天と地の開き」
□soft tofu「絹豆腐」 ※ silk tofu ともいいます。
□canned「缶詰に入った」 ※イギリス英語では tinned。
□pantry「パントリー、食料品室」
□red bean paste「あんこ」 ※他に sweet bean paste, bean jam ともいう。
□employ「用いる、使用する」 □pair ～ with …「～と…を組み合わせる」
□subtle「ほのかな、かすかな」
□distinctive「(味が) 明確に区別できる、特徴的な」

白玉粉と水を混ぜるだけで気軽に作れる白玉団子は、粉をこねて丸めるところも楽しめるので、海外の人と一緒に作ると、思い出深い時間を共有できます。白玉のシンプルな味とモチッとやみつきになる食感はいろいろな食材を合わせることが可能で、話が盛り上がりコミュニケーションに彩りを添えるでしょう。ここでは「ボール状に丸める」「弾力とハリ」「よく冷えた」や、「もちもちの食感」「ほのかな甘さ」「病みつきになる」といった表現をチェックしましょう。

❖材料 (2人分)
- **白玉粉　100g**（近くのスーパーで手に入らない場合はネットで調達しましょう。この粉を使うか使わないかで雲泥の差が出ます）
- **水　90ml**（または絹豆腐１パック。これはお好みで）
- **砂糖　大さじ１**
- **缶詰のオレンジ　１個**
- **缶詰のパイナップル　１個**（桃の缶詰もとても合います。キウイ、オレンジ、桃、マンゴーなど、お好みの生のフルーツを入れてもよいでしょう）
- **缶詰のシロップ　１カップ**（シロップは捨てないで！）

（オプション）
- **抹茶アイス**（お団子との相性は抜群です。ピスタチオのアイスクリームもおすすめです）
- **きなこ**（特に濃厚なアイスクリームと一緒に白玉を食べる場合は、きなこの食感が良くておすすめです。きなこはクッキーなど他のデザートにも使えるのでパントリーに常備しておくと重宝します）
- **あんこ**

白玉を使った料理はたくさんあります。その繊細な味を、個性的な味を持つものと組み合わせてみてください。

❶ Bring syrup to a boil over **low heat**, add 1 tablespoon of sugar and dissolve well. Remove from heat and chill. **Refrigerate** canned fruit as well.

シロップを弱火で沸かし，砂糖大さじ 1 杯を加えてよく溶かす。粗熱を取って冷やしておく。缶詰のフルーツも冷やしておく。

❷ In a large mixing bowl, add 100 g of *shiratamako* flour. Pour in about half of the water. (You can **replace** some or all of the water with an **equivalent** volume of soft tofu, which has a very high moisture **content**. This tofu variation adds **elasticity** and **bounce** to your *dango*.) Mix these two ingredients **thoroughly** using your hands. Gradually add in the rest of the water (or soft tofu). **Knead well** until the dough feels soft and slightly **pliable**.

大きめのボウルに白玉粉 100g を入れる。水を約半分注ぐ。（水の一部または全部を、その同量の、水分量の多い絹豆腐に置き換えてもよい。この豆腐を使うバリエーションは白玉に弾力とハリを加える。）この 2 つの材料を手でしっかりと混ぜ合わせる。残りの水（または豆腐）を少しずつ加えていく。生地がやわらかく、少し弾力があるくらいになるまでよくこねる。

❸ **Bring** a pot of water **to a boil**. In the meantime, **pinch off** a tablespoon-sized portion of dough and **roll** it **into a ball**. (For your preference, you can divide the dough into two, and put one drop of rose **food coloring** into one, and knead it to make it a pink color. The different colors of dumplings **make for** a great presentation when serving.)

鍋にお湯を沸かす。その間に、大さじ 1 杯分の生地を指でつまみ、ボール状に丸める。（お好みで生地を 2 つに分け、片方にバラ色の食紅を 1 滴落とし、それを練って白玉をピンク色にすることも可能。団子の色が異なると、盛りつけたときの演出が映える）

❹ Drop the *shiratama dango* into your boiling water, and allow them to cook for 3–4 minutes until they **float to the top**.

沸騰したお湯に白玉団子を落とし、上に浮いてくるまで 3 〜 4 分茹でる。

❺ **Scoop out** the floating *dango* and transfer them into an **ice water bath** to cool. Drain the balls lightly and put them in a glass bowl with the canned fruit and the syrup. Garnish with fresh fruit of your choice, **if desired**.

浮いてきた団子をすくい、氷水に移して冷やす。軽く水気を切り、団子を缶詰のフルーツとシロップの入ったガラスのボウルに入れる。お好みで生のフルーツを添える。

（友人同士の会話）

☆ : Eating *shiratama* dumplings **reminds** me **of** my mother living in Japan. She used to make them for me when I was little, and it **brings back sweet memories**!

白玉団子を食べると、日本に住んでいる母を思い出すの。小さい頃よく作ってくれたから、懐かしいな。

★ : These are **nicely chilled** and delicious. They go so well with fruit like this. Please make them again.

よく冷えていておいしいね。フルーツにとてもよく合うね。また作ってよ。

☆ : Of course. I love the **moist** and **chewy** texture of *shiratama*. This softness and **delicate sweetness** are very special to me… *Shiratama* **symbolizes** my mother's love. These dumplings were the first dish I learned from my mother. I remember coming home from school and **kneading** the dumplings together with her.

もちろん。白玉のしっとりとして、もちもちした食感が大好き。このやわらかさとほのかな甘さがたまらない…白玉は私の母の愛の象徴といってもいいかも。白玉団子は私が母から初めて教わった料理なんだ。学校から帰ってきて、母と一緒に団子をこねたことを思い出すの。

★ : How do you recommend eating them **other than** with fruit?

フルーツ以外のおすすめの食べ方はあるの？

☆ : They're also delicious with green tea ice cream or with red bean paste on top. You can also sprinkle some **soybean flour** on them. *Shiratama* has a subtle flavor, so it can be combined with various sweet things.

抹茶アイスやあんこをのせてもおいしいよ。きなこをまぶしてもいいし。白玉は繊細な味だから、いろいろな甘いものと合わせられる。

★ : I saw that you added some tofu. What are the benefits of that?

お豆腐を入れていたよね。そのメリットは何なの？

☆ : Tofu keeps the *shiratama* soft even when chilled. It also reduces calories, making it a healthy dessert.

豆腐はね、白玉を冷やしてもやわらかさを保ってくれるの。それにカロリーも抑えられるから、ヘルシーなデザートになるよ。

★ : Actually, I can't stop eating them. This **pleasantly elastic** texture is unique. It's sort of **addictive**! There's nothing like it. Let's try adding a light pink and green color to the dumplings next time! It will be a very cute and **delectable** dessert!

実はね、さっきから食べるのをやめられなくて。この心地よい弾力のある食感は独特だね。何だか病みつきになりそうだよ！　こんなの他にないね。次回は白玉の色を淡いピンクとグリーンにしてみようか。とってもキュートで見た目もおいしいデザートになるね！

---

words and phrases

□remind ～ of …「～に…を思い出させる」

□bring back sweet memories「懐かしい思い出を呼び起こす」

□nicely chilled「うまい具合に冷えている」　□moist「しっとりしている」

□chewy「もちもちの、かみごたえのある」　□delicate sweetness「ほのかな甘さ」

□symbolize「象徴する」　□knead「こねる」　□other than ～「～以外に」

□soybean flour「きなこ」　□pleasantly elastic「心地の良い弾力性がある」

□addictive「クセになる、中毒性の」　□delectable「見た目にもおいしい」

⑮白玉フルーツ

おすすめの英語レシピサイト

◉海外の料理のレシピ

・cookpad

https://cookpad.com/us

cookpad の英語版。

・delicious.

https://www.deliciousmagazine.co.uk/

料理雑誌 delicious によるレシピサイト。

・Epicurious

https://www.epicurious.com

https://www.youtube.com/@epicurious

アメリカのデジタルブランド Epicurious によるレシピサイト。

・Chef's Pencil

https://www.chefspencil.com

海外のさまざまなシェフたちによるレシピサイト。

・BBC Good Food

https://www.bbcgoodfood.com

https://www.youtube.com/@BBCGoodFood

料理雑誌 BBC Good Food Magazine によるレシピサイト。

・Jamie Oliver

https://www.jamieoliver.com/recipes/

https://www.youtube.com/c/jamieoliver

イギリスの人気シェフ Jamie Oliver のレシピサイト。

・Rachel Khoo

https://rachelkhoo.com/food

https://www.youtube.com/c/rachelkhooks

テレビ番組でも人気のイギリス人シェフ Rachel Khoo によるレシピサイト。

・Great British Chefs（イギリス料理）

https://www.greatbritishchefs.com/collections/classic-british-recipes

イギリスの有名シェフたちによるレシピサイト。

・Spice the Plate（アジア料理）

https://www.spicetheplate.com

NY 在住の中国人 Emma によるアジア料理のレシピサイト。

・Asian Food Network（アジア料理）

https://asianfoodnetwork.com

アジアのユニークな郷土料理を紹介する、テレビ番組がベースのレシピサイト。

・Eating European（ヨーロッパ料理）

https://eatingeuropean.com

ポーランド生まれ NY 在住の Edyta によるヨーロッパ・地中海料理のレシピサイト。

・Recipes from Europe（ヨーロッパ料理）

https://www.recipesfromeurope.com

ドイツ人 Lisa とハンガリー系カナダ人 Eric による、ヨーロッパ料理のレ

⑮白玉フルーツ

1
絵でわかる
調理器具やキッチン用品の英語

2
英語レシピに頻出の表現

3
海外の料理のレシピに
英語で挑戦

4
海外で人気の和食レシピを
英語で説明してみう

シピサイト。

・International Cuisine（多国籍料理）
https://www.internationalcuisine.com/
さまざまな国の料理を得意とするアメリカ人 Darlene Longacre による、
多国籍料理のレシピサイト。

・Sally's Baking Recipes（パン・スイーツ）
https://sallysbakingaddiction.com
https://www.youtube.com/c/SallysBakingAddictionVideo
アメリカ人 Sally McKenney による、パンや焼き菓子のレシピサイト。

◉日本料理のレシピ

・Just One Cookbook
https://www.justonecookbook.com
https://www.youtube.com/c/JustonecookbookRecipes
サンフランシスコ在住の日本人 Namiko Hirasawa Chen による日本料理
のレシピサイト。

・NHK WORLD-JAPAN Dining with the Chef
https://www3.nhk.or.jp/nhkworld/en/tv/dining/
NHK ワールド JAPAN による日本料理のレシピサイト。

・Mizkan Chef
https://www.mizkanchef.com/en/chef-recipes/
日本の食品メーカー・ミツカンによるレシピサイト。

・Just Bento

https://justbento.com

海外在住の日本人 Makiko Itoh によるお弁当のレシピサイト。

・Japanese Cooking 101

https://www.japanesecooking101.com

https://www.youtube.com/c/JapaneseCooking101

カリフォルニア在住の日本人 Noriko and Yuko による日本料理のレシピ
サイト。

・Cooking with Dog

https://cookingwithdog.com

https://www.youtube.com/c/cookingwithdog

犬のホスト、フランシスと謎の女性シェフによる日本料理のレシピサイト。

・Chopstick Chronicles

https://www.chopstickchronicles.com

https://www.youtube.com/c/ChopstickChronicles

オーストラリア在住の日本人 Shihoko による日本料理のレシピサイト。

・Japan Centre

https://www.japancentre.com/en/recipe/a-to-z

ロンドンの日本食料品店 Japan Centre による日本料理のレシピサイト。

⑮白玉フルーツ

種のお話

「種」は、英語では大きく分けて seed, pit, stone と3種類の言い方があります。一般的に seed はすべての種を表しますが、厳密にいうとリンゴやトマト、ピーマン、カボチャなどの小さな種について seed を使います。桃やマンゴー、アボガドといった大きい種（中心に1つだけあり、固い殻で覆われている）は pit と呼ばれます。pit はイギリス英語の場合は stone です。つまり、カボチャの種は pumpkin seed、アボガドの種は avocado pit [avocado stone] というわけです。

「種を取る」は、remove「取り除く」を使って remove seeds のように使われますが、seed に「外へ・離れる」を意味する接頭辞 de- をつけた動詞 deseed「種を取る」を使って deseed the tomatoes「トマトの種を取る」のようにもいいます。また、この seed 自体にも「種を取り除く」の意味があるので、seed raisins「干しぶどうの種を取る」とも表現可能です。

同様に、pit と stone にも「種を取る」という意味があり、pit the avocado「アボガドの種を取る」（イギリス英語では stone the avocado）と表現できます。応用として、pitted olive「種を取ったオリーブ」や pitted avocado「種を取ったアボガド」、さらに unpitted prune「種ありプルーン」といった表現も覚えておきましょう。

ちなみに、アボガドを植物として種から植えるような状況では、種を pit [stone] ではなく seed と呼びます。料理のときには avocado pit、苗から育てるときは avocado seed といいましょう。

索引

T

著者略歴

Michy里中 (ミッチー・サトナカ)

英語の最高峰資格8冠突破・英才教育＆英語教育書ライター養成校「アスパイア」(旧アクエアリーズ)で英検1級・英検準1級・通訳案内士・TOEIC満点講座を担当。ビジネス会議通訳者。ロサンゼルスで長期に渡りショー・ビジネス通訳業務に携わり、アパレル業界の通訳・翻訳業にも15年以上携わるバイリンガル。
主な著書に『英会話フレーズ大特訓　ビジネス編』『はじめての英語家計簿』(以上、Jリサーチ出版)、共著に『英語スピーキング大特訓　自分のことを論理的に話す技術とトレーニング』『発信型英語　類語使い分けマップ』(以上、ベレ出版)、『英検1級ライティング大特訓』『英検準1級ライティング大特訓』(以上、アスク出版)、『英語でガイドする関西の観光名所10選』(語研)など多数。
趣味はおいしい紅茶を飲みながらシェイクスピアのソネットや『Chicken Soup for the Soul』を読むこと。

りょうり　　たの　　　　　　　えい ご ひょうげん
料理を楽しむための英語表現

2023年2月1日　第1刷発行

著者　　　Michy里中
発行者　　小野田幸子
発行　　　株式会社クロスメディア・ランゲージ
　　　　　〒151-0051 東京都渋谷区千駄ヶ谷四丁目20番3号
　　　　　東栄神宮外苑ビル　https://www.cm-language.co.jp
　　　　　■本の内容に関するお問い合わせ先
　　　　　TEL (03)6804-2775　FAX (03)5413-3141

発売　　　株式会社インプレス
　　　　　〒101-0051 東京都千代田区神田神保町一丁目105番地
　　　　　■乱丁本・落丁本などのお問い合わせ先
　　　　　FAX (03)6837-5023　service@impress.co.jp
　　　　　※古書店で購入されたものについてはお取り替えできません。

カバーデザイン	竹内雄二	営業	秋元理志
カバー・本文イラスト	田島ミノリ	録音・編集	株式会社巧芸創作
本文デザイン	齋藤稔(G-RAM.INC)	印刷・製本	中央精版印刷株式会社
DTP	株式会社ニッタプリントサービス	ISBN 978-4-295-40789-8　C2082	
編集協力	今坂まりあ、長沼陽香	©Michy Satonaka 2023	
英文校正	Hachig R. Alyanakian	Printed in Japan	
ナレーション	Carolyn Miller, Peter Von Gomm